DUMONT

RADELZEIT IN DER REGION RHEIN-MAIN

Herrlich entspannte Touren zum Runterschalten & Genießen

Sandra Kathe

SANDRA KATHE

ÜBER MICH

Fahrtwind und Freiheit: Irgendwie hat diese Kombination schon immer etwas Magisches für mich. Und nachdem das Cabrio dem Alltagsleben in der Großstadt Frankfurt weichen musste, hält eben der Drahtesel dafür her, sich an freien Sonnentagen den Wind um die Nase wehen zu lassen. Ins Rhein-Main-Gebiet kam ich als Reporterin für eine Lokalzeitung, heute arbeite ich als auf Reisen spezialisierte Journalistin, und einige meiner Geschichten landen auch auf meinem Blog kofferstiftpapier.com.

Meine persönliche Radelweisheit:

» **Berge sind von unten einfach am schönsten!**

LIEBE LESERIN, LIEBER LESER,

Mit Dünen, Stränden und Klippen, Wäldern, Seen und über und über mit Wein bepflanzten Hügeln ist das Rhein-Main-Gebiet eine Region, die irgendwie immer ein bisschen von allem sein will – und das auch ganz problemlos jongliert bekommt.

Das zeigt sich besonders auf den Radwegen der Region, die sich durch ehemalige Steinbrüche, über Golfplätze, durch Weinberge, vorbei an alten Burgen und an glitzernden Flüssen und Seen entlang durch die Landschaft ziehen: häufig schattig, selten steil und garantiert immer mit Überraschungen verbunden. Denn: Weil die Gegend vom ständigen Wandel geprägt ist, findet sich garantiert immer irgendwo etwas Neues.

Eine herrlich entspannte Radelzeit wünscht

Sandra Kathe

INHALT

UND SONST SO?

UNTERWEGS AUF DEN SCHÖNSTEN STRECKEN ...

DOPPELT SEHEN

» Der kleine Anstieg am Taunusrand hat sich gelohnt. Mit traumhaften Ausblicken auf gleich zwei Skylines geht's gemütlich rollend zu einer der tollsten Alleen der Region. Tour 3, Zwischen Kirdorfer Feld und Tannenwald, Seite 34

BERGAB IM WEINBERG

» Unterhalb eines der wichtigsten Weingüter Hessens fließt das Meer aus Reben Richtung Rhein und nimmt einen fast ohne Pedalieren ein Stückchen mit. Tour 6, Zwischen Kloster Eberbach und Hattenheim, Seite 64.

WIND UM DIE NASE

» Immer oben am Deich sorgt sogar in Südhessen der Wind für Küstengefühle. Und verrät, dass das Ziel – eine Insel – schon ganz nah liegt ... Tour 12, Zwischen Schwedensäule und Kühkopf, Seite 124

FUNKELNDE SEENPLATTE

» Dass hier noch vor wenigen Jahrzehnten im Steinbruch geschuftet wurde, um Basalt zu gewinnen, kann man sich kaum vorstellen. Tour 4, Zwischen See und Canyon-Steg, Seite 44

KÜHL AN HEISSEN TAGEN

» Zwischen saftig grünen Lichtungen, kleinen stillen Weihern und kühlen Waldwegen läuft so ein Sommertag im Naturschutzgebiet Mönchbruch zur Höchstform auf. Tour 8, Zwischen Mönchwaldsee und Mönchbruch, Seite 84

IM GRÖSSTEN DORF HESSENS

» Wer der Nidda nach Frankfurt folgt, bekommt statt Skyline-Panoramen traumhafte Ausblicke in den Taunus und statt Stadtlärm Naturidyll satt. Tour 9, Zwischen Bad Vilbel und Altem Flugplatz, Seite 94.

LICHTUNG UND SCHATTEN

» Der riesige Wald schafft ganz in der Nähe einer der größten Metropolen Deutschlands und eines der größten Flughäfen Europas zwischen Schwanheim und Sachsenhausen schattige Ruheoasen. Tour 1, Zwischen Alteichen-Pfad und Jacobiweiher, Seite 14

ALLE TOUREN IM ÜBERBLICK

Ortenberg
#11 IMMER DEM RAUSCHEN NACH
#19 BUNTES SEEN-QUARTETT
Neu-Anspach
Büdingen
Bad Homburg
#3 ZWEITE CHANCEN
#9 VOM FLÜSSCHEN ZUM FLUSS
Bruchköbel
Langenselbold
#13 REIN IN DEN CITY-DSCHUNGEL
FRANKFURT AM MAIN
AM GROSSEN CANYON
#4
#20 KONTRASTPROGRAMM
#16 SUPERLATIVE MAL ANDERS
Main
Alzenau
#1 STADTWALDMARATHON
#8 SOMMERTAGE-BINGO
Heusenstamm
#14 GRENZROMANTIK
Sprendlingen
Dietzenbach
Walldorf
#15 EINFACH ABTAUCHEN
Main
Egelsbach
Babenhausen
#18 ZEITENWENDE
Großostheim
Groß-Gerau
Dieburg
DARMSTADT
Groß-Zimmern
Groß-Umstadt
#12 REIF FÜR DIE INSEL
Riedstadt
Ober-Ramstadt
Reinheim
Höchst im Odenwald
Pfungstadt

… UND AUCH PAUSE MACHEN NICHT VERGESSEN

ROMANTISCHER RHEIN

» Mit der Nahe-Mündung beginnt in Bingen einer der spektakulärsten Abschnitte des Rheins zwischen Weinhängen und geheimnisvollen Burgen. Tour 17, Stopp 5, Rhein-Nahe-Eck, Seite 174

FRANKFURT AN DER SÜDSEE

» Unweit der Wolkenkratzer der Frankfurter Skyline wachsen im kleinen Botanischen Garten am Mainufer Palmen, Bananenstauden und allerlei Exotisches. Tour 5, Stopp 6, Nizza-Ufer, Seite 54

MASCHINE MIT GESCHMACK

» Neben klassischen Eissorten wie Schokolade oder Himbeere gibt es im Eisautomat der Eismanufaktur auch Ausgefallenes wie Heu-Eis zur Auswahl. Schleckpause! Tour 14, Stopp 3, Eisautomat, Seite 144

» Zwischen schattenspendenden, mächtigen Burgmauern und ausladenden Rosenbüschen lässt es sich nach der Erkundung von Burg Hayn herrlich picknicken. Tour 15, Stopp 2, Burg Hayn, Seite 154

» Raus aus dem Alltag – rein ins Maislabyrinth. Zwischen meterhohen Pflanzen schaffen unzählige verzweigte Wege die kniffligste Herausforderung des Sommers. Tour 10, Stopp 2, Maislabyrinth, Seite 104

» Mit Strandkörben, plätscherndem Wasser und salzhaltiger Luft kommt ein Stopp an den Gradierbauten in Bad Nauheim fast einem Abstecher an die Nordsee gleich. Tour 11, Stopp 4, Gradierbau, Seite 114

» Kaffee und Kuchen, eine ausgestorbene Tradition? Wie gut, dass es Kaffeehäuser gibt, die das Ganze am Leben halten. Mit Stil, Schokoladengeschmack und Sahnehäubchen. Tour 7, Stopp 4, Maldaner, Seite 74

«

EINFACH LOSRADELN

DIE RADELPAUSEN

»START
S-Bahnhof Louisa

KM 3
1 Goetheturm
Dem Wald aufs Dach steigen

KM 7
2 Kesselbruchweiher
Dem Naturpfad folgen

KM 11
3 Stadtwaldhaus
Der Wildnis auf der Spur

1

STADT-WALD-MARATHON

Ganz im Süden von Frankfurt

Wenn die Natur einem schon den größten innerstädtischen Forst Deutschlands vor die Haustür setzt, lässt der sich doch ideal für eine Herausforderung nutzen. 42 Kilometer Strecke zwischen Waldwegen, Naturpanoramen und perfekten Outdoor-Momenten – aber natürlich nicht zu Fuß, sondern ganz entspannt mit dem Rad.

KM 21

4 Alteichen-Pfad
Picknick zwischen Riesen

KM 39

5 Jacobiweiher
Naturmomente festhalten

KM 41

6 Frankfurt Art Bar
Livemusik am Waldrand

KM 42,4 » ZIEL
S-Bahnhof Louisa

GOETHE HÄTT'S GELIEBT

»Ach was! Gefeiert! Hätte der Herr Dichter statt Pferdekutsche und Schusters Rappen schon die Chance gehabt, einen Drahtesel zu nutzen, den Stadtwald über seine vielen Waldwege zu durchkämmen und sich dabei ordentlich den Wind um die Nase wehen zu lassen – er hätte seiner Heimatstadt wohl nicht so leichtfertig den Rücken gekehrt. Oder sich zumindest öfter als Besucher blicken lassen ...

Zumal zu Goethes Zeiten ja so manches, was einen zwischen Fluglärm, Schnellstraßen und Borkenkäferschäden heutzutage am Frankfurter Forst stören kann, noch ferne Zukunft war. Genießen lässt sich Deutschlands größter Stadtwald trotz alledem in vollen Zügen. Das liegt auch daran, dass die Stadt Aufenthaltsqualität geschaffen und Radwege ausgewiesen hat, die sich zwar nach Waldweg anfühlen, aber trotzdem mit jedem Fahrradmodell genießbar sind.

WIEDER UND WIEDER TAUCHT MAN IN DEN KÜHLEN SCHATTEN DES WALDES EIN

Einen großen Teil der Route folgt man dem Frankfurter Grüngürtel-Radweg, der sich auf 64 Kilometern Länge um die ganze Stadt und südlich des Mains einmal quer durch den Stadtwald zieht. Der brachte auch so einiges an kurioser Kunst in die Natur. Am Jacobiweiher hat es der berühmte Pinkelbaum auf unvorsichtige Passant:innen abgesehen, in Schwanheim liegen rund ums Jahr gigantische Eicheln als »Monsterkinder« unter einer ausladenden Eiche. Dahinter steckt der Künstler und Titanic-Mitgründer F. K. Wächter, der sich als einer von vielen Multi-Talenten der Neuen Frankfurter Schule mit Kunstwerken am Grüngürtel verewigt hat.

Die Kunstwerke sind aber lange nicht die einzigen Gründe, die große Stadtwaldrunde immer wieder für kleine Abstecher zu unterbrechen. Es geht dank **Goetheturm** zum schönsten Ausblick der Stadt, am **Kesselbruchweiher** in ein Meer aus Grüntönen und am **Stadtwaldhaus** ganz nah ran an einige Waldbewohner. Im Schwanheimer Wald wartet eine Entdeckungstour auf einem bizarren **Alteichen-Pfad,** und am **Jacobiweiher** ein Fotostreifzug durch einen der malerischsten Orte im Wald. Zum Abschluss lohnt sich kurz vorm Ziel ein Blick ins Programm der **Frankfurt Art Bar**, wo mehrmals wöchentlich Live-Konzerte am Waldrand gespielt werden.«

Schilder mit den Namen der Wege und Schneisen sorgen im Stadtwald für Orientierung.

Ganz gemütlich oder mal mit etwas Tempo und Fahrtwind: Auf den gut ausgebauten Wegen geht beides.

Wildlife in der City: Auf den Lichtungen beim Schwanheimer Wald grasen Schafe.

RADELN & GENIEẞEN

»START
S-Bahnhof Louisa

Am Ausgang der S-Bahn Richtung Sachsenhäuser Landwehrweg fahren und der Straße bis zum Goetheturm folgen.

Grüner als der Skyline-Blick vom Goetheturm wird's nicht.

KM 3

1 Goetheturm

Dem Wald aufs Dach steigen

Neben den gläsernen Türmen des Frankfurter Bankenviertels mag der Frankfurter Goetheturm auf manche ein bisschen so gewirkt haben, wie der etwas einfache Cousin aus dem Wald – bis vor ein paar Jahren das Undenkbare geschah und Frankfurt zu der furchtbaren Nachricht erwachte, dass der 1931 erbaute Turm über Nacht abgebrannt war. Nach erfolgreicher Spendenaktion, originalgetreuem Wiederaufbau und Neueröffnung 2020 ist der Turm nun endlich wieder begehbar. Knapp 200 Stufen und über 40 Meter hoch geht's bis zur Aussichtsplattform, von der einem nicht nur die Stadt mit ihrer Skyline, sondern auch ein Meer aus Bäumen zu Füßen liegt. (*April–Oktober von 8 Uhr bis Einbruch der Dunkelheit*)

Dem Grüngürtel-Radweg in den Wald hinein folgen und an der Kesselbruchschneise rechts abbiegen.

Am Naturpfad Weilruh kann man sich so richtig schön von der Natur faszinieren lassen.

Rund ums Stadtwaldhaus leben unzählige Wildtiere, denen man beim Spaziergang ganz nah kommt.

← WIE'S AUS DEM WALD RAUSSCHAUT ...

KM 7

2 Kesselbruchweiher

Dem Naturpfad folgen

Jetzt aber nichts wie rein in den 5000 Hektar großen Stadtforst, der jeden Gedanken an die Großstadt schon auf den ersten Metern ausradiert. Vor allem, wenn man an einem seiner grünsten Orte, dem über und über von Seerosen bedeckten Kesselbruchweiher angekommen ist. Hier beantworten die Informationsschilder zum ausgewiesenen Naturpfad Weilruh, dem man von hier aus ein Stück zu Fuß folgen kann, jede Menge Fragen zu Flora und Fauna, die die Alltagsgedanken längst beiseitegedrängt haben.

Der Schillerschneise weiter folgen, bis rechts der Hainer Weg zurück auf den Grüngürtel-Radweg abbiegt. An der Oberschweinstiege vorbei und dort über die Bahngleise.

KM 11

3 Stadtwaldhaus

Der Wildnis auf der Spur

Zum Informationszentrum Stadtwaldhaus hinter den fotogenen Trambahn-Gleisen mitten im Wald gehört neben einigen Erlebnisrundwegen auch ein Waldladen, in dem man sich an einigen Nachmittagen pro Woche mit Frischem aus dem Wald eindecken kann. In großen Volieren werden verletzte Wildvögel gesundgepflegt, und auch in den Schutzgehegen von Waldbewohnern wie Wildschweinen, Sikahirschen und Mufflons gibt es auf dem Fasaneriegelände eine Menge zu entdecken. Wer dem Erlebnispfad folgt, kann den Waldboden auf einem kleinen Barfußweg auch in all seiner Vielfalt unter den Fußsohlen spüren. (stadtwaldhaus-frankfurt.de)

Über den Grüngürtel-Radweg in den Schwanheimer Wald.

An den Ufern der Seen und Weiher sind sonnige Pausenplätzchen ganz nah.

KM 39

5 Jacobiweiher

Naturmomente festhalten

Zurück an der Oberschweinstiege ist man gewissermaßen auch wieder zurück bei Goethe. Der nämlich könnte mit dem Faust'schen Ausspruch vom Augenblick, der verweilen soll, wohl auch so einen Abstecher in den Frankfurter Stadtwald gemeint haben. Immerhin erzählt man sich, dass das Flanieren am Waldrand den berühmten »Osterspaziergang« inspiriert haben soll. Der Jacobiweiher, Frankfurts größter See, ist erst nach Goethes Lebzeiten entstanden, gehört aber heute zu den beliebtesten Orten des Waldes. Zum Glück lassen sich die Momente rund um das Gewässer dank moderner Technik inzwischen problemlos festhalten. Hier lohnt es sich selbst beim hundertsten Besuch, das Rad abzustellen und auf Fotostreifzug zu gehen.

Vorbei am Königsbrünnchen über den Welscher Weg zurück zur Louisa.

KM 21

4 Alteichen-Pfad

Picknick zwischen Riesen

Wo früher Hirten mit Schweinen, Schafen und Ziegen die Flächen unter den ausladenden Eichen als Waldweide bewirtschafteten, ist heute der perfekte Platz für eine Picknickpause im Schwanheimer Wald. Und zu gucken gibt es zwischen Neupflanzungen, Baumriesen und vielen Infotafeln am Schwanheimer Alteichen-Pfad eine ganze Menge. Während einige der jahrhundertealten Baumgiganten noch immer in ihrer ganzen Pracht begeistern, haben andere Bäume mit der Zeit bizarre Formen angenommen und regen auch nach ihrem offiziellen Ableben noch zum Träumen an.

Über Turner- und Agendawaldschneise bis zu F. K. Wächters »Eiche mit Monsterkindern« und links abbiegen. Über die Hinkelsteinschneise zurück Richtung Sachsenhausen.

In Schwanheim setzen alte Baumstämme der Vergänglichkeit ein Denkmal.

Das Grün des Waldes spiegelt sich im klaren Wasser der Waldseen besonders schön.

EXTRA INFOS:

Wenn schon am Anfang oder gegen Ende der Tour der Magen knurrt, gibt's in einem der angenehmsten Biergärten der Stadt die passende Stärkung. Neben klassisch regionaler Küche gibt's in der ● **Oberschweinstiege** auch duftende Waffeln. (www.oberschweinstiege-frankfurt.de)

Wer fürs Picknick im Schatten der Alteichen an Stopp 4 nichts eingepackt hat: Den passenden Proviant, von Obst bis Waffeln oder Oliven, gibt's ein Stück davor, beim ● **Supermarkt** um die Ecke vom Waldfriedhof Goldstein.

KM 41

6 Frankfurt Art Bar

Livemusik am Waldrand

KM 42,4 » ZIEL

Bahnhof Frankfurt Louisa

Bevor es mit der S-Bahn nach Hause geht, verbindet ein letzter Abstecher noch die verdiente Stärkung nach dem »Marathon« mit einer der coolsten Geheimtipp-Locations für Livemusik in der Stadt. Zwischen hessischer Küche, moderner Kulinarik, einem Hauch Irish-Pub-Atmosphäre und einer großen Portion Romantik hat sich die Frankfurt Art Bar eine Nische geschaffen, wie sie vielleicht sogar weltweit einzigartig ist. Regelmäßig finden in der Art Bar Konzerte und Jam Sessions statt, meist irgendwo zwischen Blues und Jazz. Bei gutem Wetter sitzt man auch gemütlich im Garten zwischen Kleingartenidyll und Waldrand. (www.frankfurtartbar.de)

Am Ziegelhüttenweg rechts geht's in wenigen Metern zurück zur S-Bahn.

Regelmäßig locken Konzerte sowie Jazz- und Blues-Sessions Musikfans an den Waldrand.

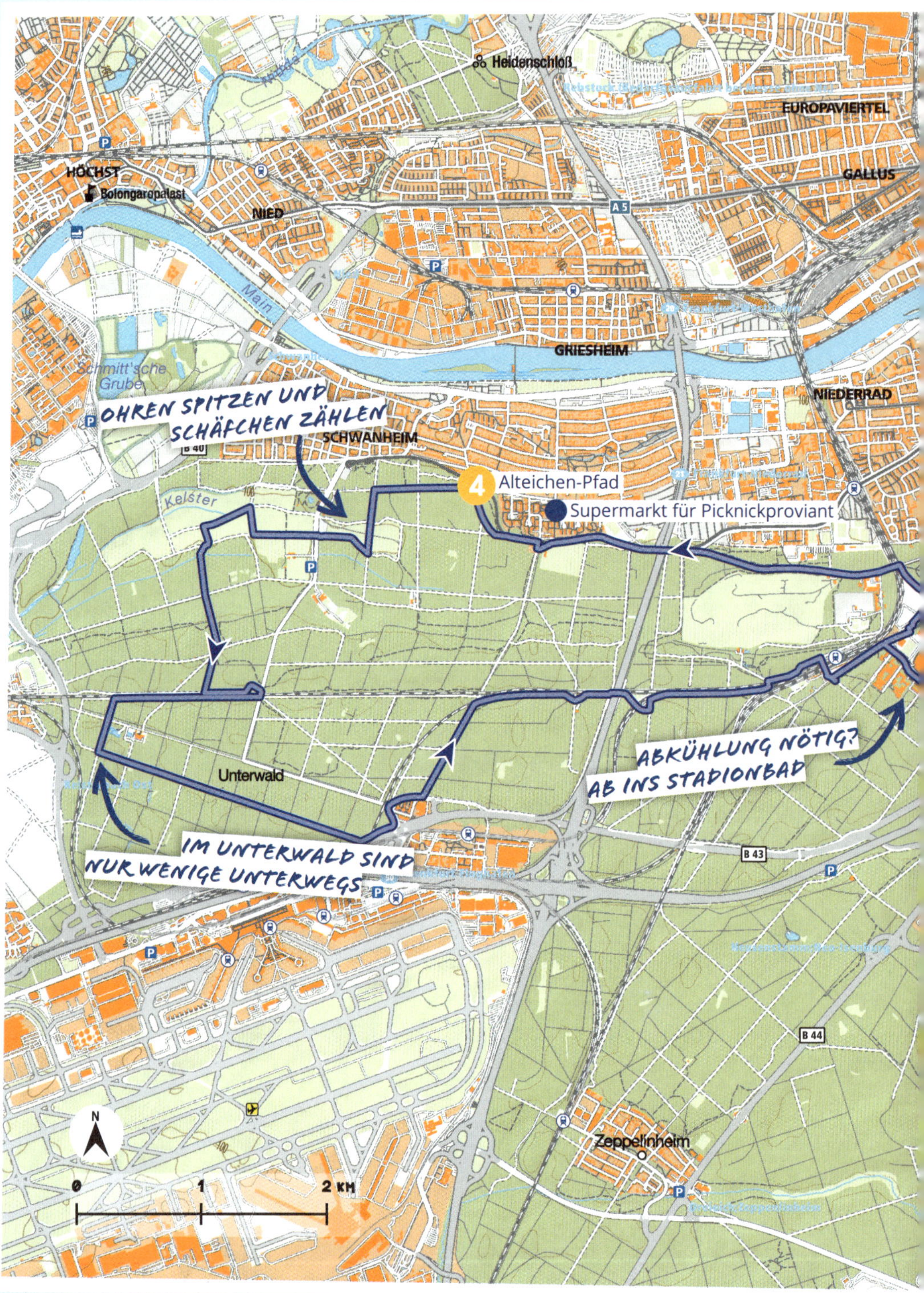
Heidenschloß
EUROPAVIERTEL
GALLUS
HÖCHST
Bolongaropalast
NIED
A 5
Main
GRIESHEIM
Schmitt'sche Grube
NIEDERRAD
OHREN SPITZEN UND SCHÄFCHEN ZÄHLEN
SCHWANHEIM
B 40
4 Alteichen-Pfad
Supermarkt für Picknickproviant
Kelster
Unterwald
ABKÜHLUNG NÖTIG? AB INS STADIONBAD
B 43
IM UNTERWALD SIND NUR WENIGE UNTERWEGS
B 44
N
Zeppelinheim
0
1
2 KM

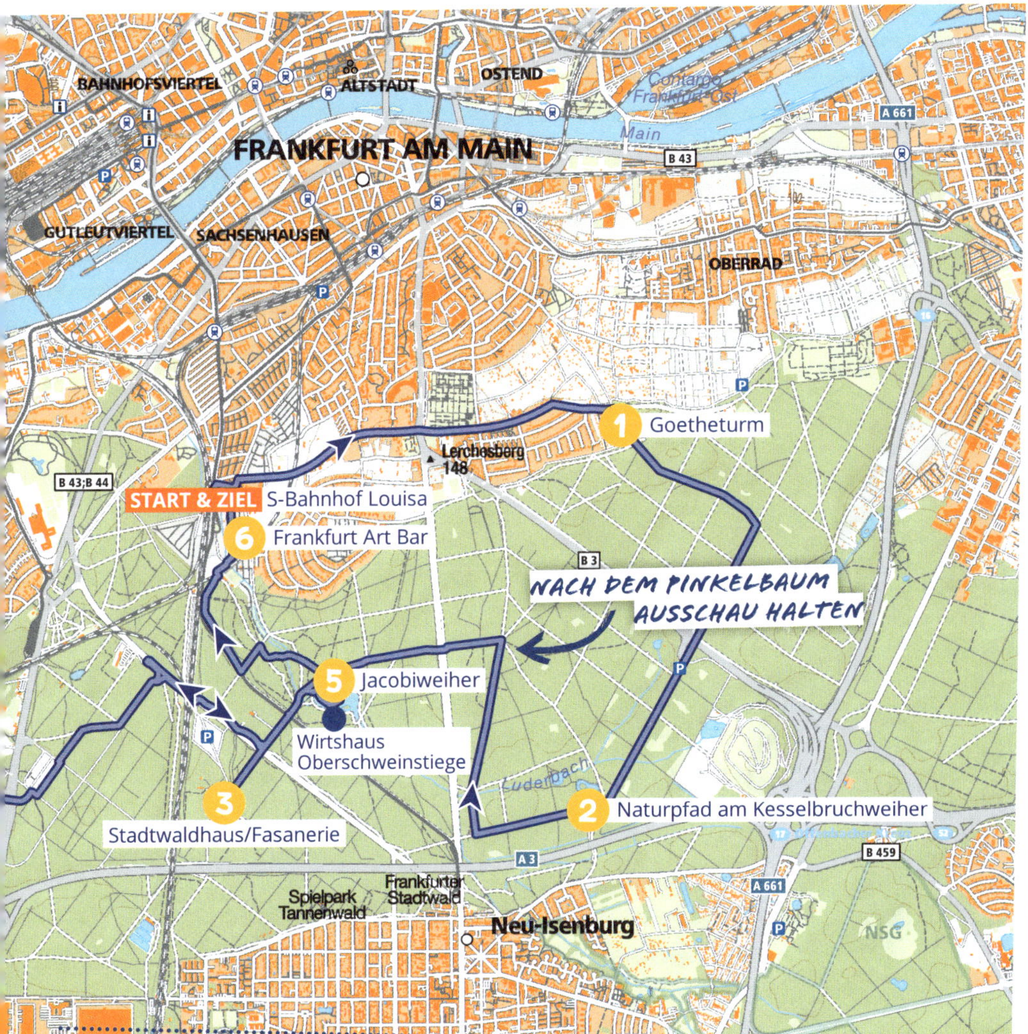

AUF EINEN BLICK

» **Start/Ziel:** Bahnhof Frankfurt Louisa
» **Strecke:** 42,4 km (Rundtour)
» **Reine Radelzeit:** 4 Std.
» **Höhenmeter:** ↗55 m ↘55 m
» **Wegbeschaffenheit:** Gut ausgebaute Waldwege, die sich auch mit Citybikes ohne Rüttelfaktor gut befahren lassen.
» **Beste Zeit:** Zwischen April und Oktober, wenn der Goetheturm geöffnet ist.
» **Ausrüstung:** Picknickdecke.

DIE RADELPAUSEN

»START
Bahnhof Frankfurt-Höchst

KM 3
1 Schwanheimer Düne
In einer anderen Welt

KM 12
2 Rosarium Hattersheim
Immer der Nase nach

KM 17
3 Weilbacher Kiesgruben
Der perfekte Ausblick

2

ÜBER DIE DÜNE ZUM STRAND

Vom Frankfurter Westen nach Wiesbaden

Wegen Dünenlandschaften und Sonnenuntergängen am Strand extra ans Meer fahren oder in den Flieger steigen? Warum in die Ferne schweifen? Für den perfekten Tag kann sich auch zwischen Frankfurt und Wiesbaden das Gefühl von Sommerurlaub breitmachen.

KM 23
4 Labyrinth an der Flörsheimer Warte
Die Mitte finden

KM 27
5 Weinerlebnisweg Oberer Rheingau
Im Meer aus Grün

KM 36
6 Strandbar Mainz-Kastel
Die Füße im Sand vergraben

KM 36,8 » ZIEL
Bahnhof Mainz-Kastel

DIE SOMMERTEMPERATUREN STEIGEN, ...

» ... der blaue Himmel lockt nach draußen, und Körper und Geist sehnen sich nach Reisen und Meer ... Geduld: Fehlanzeige! Aber zum Glück liegt der Urlaub ja vor der Haustür.

Zu jeder guten Reise gehört zuallererst blaues Wasser, auf dem funkelnde Sonnenstrahlen tanzen, während immer wieder das sanfte Rauschen von Wellen zu hören ist. Wasservögel machen sich lautstark bemerkbar, nehmen an den Ufern des Mains ein Sonnenbad und geben damit gleich Tempo und Takt des Tages vor.

Gemütlich rollend geht es also auf zu außergewöhnlichen Landschaften, die sich hier praktischerweise aneinanderreihen. Den Anfang macht die **Schwanheimer Düne**, die im Sommer fast einen Hauch Serengeti versprüht – wo aber statt Giraffenhälsen maximal Schafe frech aus dem hohen Gras hervorlinsen, während man sein Rad staunend über den Bohlenweg schiebt.

BEI FLÖRSHEIM KÜNDIGEN DIE ERSTEN WEINBERGE DEN BEGINN DES RHEINGAU AN

Hinter der Düne führt der Weg raus aus der Stadt, über Feldwege und schattige Pfade. Die stattliche Allee Richtung Hattersheimer Wasserwerk lässt den Spazierstopp am **Rosarium** fast vergessen, so magisch zieht einen der Tunnel aus Bäumen in seine Mitte. Zum Glück liegt der Duft von Rosen in der Luft, der dann doch ans Bremsen erinnert.

Vorbei an den **Weilbacher Kiesgruben** führt der Weg quasi mitten hinein ins Meer: ein Meer aus Reben, die zwischen Flörsheim und Hochheim die sonnenverwöhnten Weinlagen des Rheingau einläuten. An deren Rand sorgt ein **Steinlabyrinth** unterhalb der Flörsheimer Warte dafür, dass der Entspannungsmodus auch ja nicht in Vergessenheit gerät. Die sonnige Weinbergstrecke über den **Weinerlebnisweg Oberer Rheingau** führt mit ordentlich Fahrtwind um die Nase zurück, runter zum glitzernden Fluss.

Für dessen Mündung in den Rhein lohnt sich beim Inselabstecher über die Maaraue noch so mancher Blick über die Schulter. Ein Stück weiter treibt dann der Strand die Urlaubsgefühle nochmal auf die Spitze. Mit dem Cocktail in der Hand geht's am **Kasteler Strand** barfuß durch warmen Sand zum nächsten freien Schattenplätzchen im Liegestuhl – wo der Urlaubstag mit der Nase gen Sonnenuntergang nicht entspannter ausklingen könnte. «

Historische Brennöfen erzählen bei einer Verschnaufpause in Flörsheim ein bisschen Lokalgeschichte.

Aussichtsturm mit Charakter: Ein wenig erinnert der Turm an den Weilbacher Kiesgruben ja echt an Mittelerde …

Echt verlockend: Von den reifen Trauben in den Weinbergen darf man auch ruhig mal eine kosten.

RADELN & GENIEẞEN

»START

Bahnhof Frankfurt-Höchst

Vom Höchster Bahnhof über die Leverkuser Straße Richtung Innenstadt, dann auf der Brüningstraße rechts halten und links Richtung Leunabrücke. Alternativ durch die Altstadt zum Main und mit der Fähre rüber. Dann den Radwegschildern Richtung Schwanheimer Düne folgen.

Die schmalen Wege durch die naturgeschützten Dünenlandschaften sind Fernwehstiller.

KM 3

Schwanheimer Düne

1 In einer anderen Welt

Am Stadtrand von Frankfurt liegt ein kleines Wunder der Natur. Ein Überbleibsel aus einer Eiszeit von vor über 10 000 Jahren, als Sand aus dem Bett des Mains sich über die Landschaft legte und eine der wenigen Binnendünen Europas geschaffen hat. Heute ist das Naturschutzgebiet Schwanheimer Düne nicht nur eine der größten Überraschungen der Stadt, sondern vor allem auch Lebensraum für etliche Tier- und Pflanzenarten, die sonst nicht ohne weiteres im Rhein-Main-Gebiet heimisch sind: stolze Kiefern, wie sie vor den Stränden vor Mittelmeer und Atlantik wachsen, und Silbergras, Eidechsen und gelb gefiederte Pirole. Auf den Holzbohlen, die die Dünenlandschaft überqueren, ist Absteigen und Schieben angesagt, dem entschleunigten Urlaubstag tut das gerade gut.

Am anderen Ende des Bohlenwegs nach rechts Richtung Kelsterbach halten, am Industriepark vorbei und über Sindlingen nach Hattersheim. Ab hier folgt man der Regionalparkroute.

KM 12

2 Rosarium Hattersheim
Immer der Nase nach

Mit gut 100 Sorten Rosen und weit über 6000 Pflanzen gibt es eigentlich kaum eine Jahreszeit, in der im Rosarium Hattersheim nicht irgendeine Blüte bunt aus ihrer Knospe schielt und darauf wartet, dass es Zeit ist, sich zu öffnen. Gerade im Frühling und Sommer dienen ganze Pflanzpyramiden als Klettergerüst für die majestätischen Blumen. Die Natur gibt dem menschlichen Sinnesapparat eine Riesenmenge Farb- und Duftnuancen zu bestaunen und beschnuppern, während häufig auch den Gärtner:innen bei ihrer Arbeit über die Schulter geschaut werden kann.

Der Wasserwerkallee und den Radwegschildern der Regionalparkroute folgen.

Im Rosarium wachsen sogar eigens in Hattersheim gezüchtete Arten.

KM 17

3 Weilbacher Kiesgruben
Der perfekte Ausblick

Wer die 170 Stufen zur Aussichtsplattform erklommen hat, genießt 360 Grad Rhein-Main-Panorama.

Wie sich das Rhein-Main-Gebiet über die Jahre gewandelt hat, zeigt sich am besten von oben. Dutzende Stufen über der Erde, wo sich aus der Ferne die Vielfalt der Landschaft zwischen Taunus und Odenwald zeigt – mit dem schimmernden Main und der spektakulären Frankfurter Skyline am Horizont. Den wohl besten Ausblick zwischen Frankfurt und Wiesbaden ermöglicht der große Regionalparkturm am Besucherzentrum Weilbacher Kiesgruben. Sieht aus wie die freundlichere Version eines Fantasy-Schauplatzes mit Gänsehautpotenzial. Mal rausfinden, ob das Rhein-Main-Gebiet mit Tolkiens Mittelerde mithalten kann …

Weiter über die Regionalparkroute.

KM 23

4 Labyrinth an der Flörsheimer Warte
Die Mitte finden

Der Unterschied zwischen einem klassischen Labyrinth und einem Irrgarten? Beim Irrgarten führt der Weg über Sackgassen und kleine Umwege früher oder später nach draußen. Beim Labyrinth, wenn's gut läuft, nicht nur in die Mitte des verschlungenen Wegs, sondern auch in die eigene Mitte, wo Körper und Geist zur Ruhe kommen. Darum sind auch im Steinlabyrinth unterhalb der Flörsheimer Warte keine hohen Mauern nötig, die einem die Sicht blockieren. Der Blick richtet sich nur auf die eigenen Füße, die Schritt für Schritt dem vorgegebenen Weg folgen. Im Hier und Jetzt angekommen? Dann kann's ja weitergehen!

Der Regionalparkroute Richtung Flörsheim folgen und an der Wiesenmühle links halten Richtung Falkenberg.

Im Steinlabyrinth setzt man ganz bewusst einen Fuß vor den anderen und schaltet damit ganz automatisch einen Gang runter.

Die Hochheimer Kirche St. Peter und Paul hat auch von Weitem Potenzial zum Wahrzeichen.

KM 27

5 Weinerlebnisweg Oberer Rheingau
Im Meer aus Grün

Das mit der Aussprache des Ortsnamens Hochheim ist für Nicht-Muttersprachliche schonmal so eine Sache … Wie gut, dass royale Fans des von hier stammenden Rieslings ihn bereits seit fast 200 Jahren als »Hock« in die Welt weiterempfehlen. Und »royal« meint Ihre Majestät Queen Victoria höchstpersönlich, an deren Besuch im Jahr 1854 ein Denkmal am Fuße der Reben erinnert. Doch auch an den anderen Stationen des Weinerlebniswegs Oberer Rheingau lässt sich eine Menge über das Anbaugebiet lernen. Das Städtchen Hochheim, das hinter einer kleinen Kirche weiter oben in den Weinbergen liegt, gilt als offizielles Tor zum Rheingau, der sich von hier über Wiesbaden ins Mittelrheintal zieht.

Über den Mainradweg weiter nach Mainz-Kastel.

KM 36

6 Strandbar Mainz-Kastel

Die Füße im Sand vergraben

Ein stolzer Dreimaster, der am Ufer festgemacht ist, glitzerndes Wasser, so weit das Auge reicht, und feiner Sandstrand, auf dem gemütliche Liegestühle und Sonnenschirme dafür sorgen, dass man die Aussicht hinüber nach Mainz problemlos noch Stunden genießen kann. Einige Meter oberhalb scheint am Cocktailstand der Nachschub nicht so schnell auszugehen, da steht dem gemütlichen Feierabend doch eigentlich nichts mehr im Weg. Wer das Ganze noch mit etwas Sightseeing verbinden will, bummelt vor, nach oder zwischen den Cocktails noch ein wenig über das Gelände der historischen Reduit-Kaserne. Dort lassen sich mit Glück an lauen Sommerabenden spontan noch Karten für einen Konzert- oder Open-Air-Kino-Besuch ergattern.

Direkt nebenan am Bahnhof Mainz-Kastel fahren Regional- und S-Bahnen zurück nach Höchst und in viele andere Ecken der Region.

EXTRA INFOS:

Wer Picknickpausen eine echte Mittagspause mit kalten Getränken, Biergartenfeeling und Hausmannskost vorzieht: Das Restaurant ● **Gasthof Wiesenmühle** unterhalb der Flörsheimer Weinberge liegt fast genau in der Mitte der Route.

Ein bisschen Lokalgeschichte gefällig? Direkt am Weg wurden in den 1990er Jahren die ● **Ruinen von Kalkbrennöfen** freigelegt, in denen seit dem 18. Jahrhundert Ziegel gebrannt wurden. Eine Brücke sorgt dafür, dass man das Industriedenkmal aus allen Blickwinkeln begutachten kann.

KM 36,8 » ZIEL

Bahnhof Mainz-Kastel

Das perfekte Finale für den Urlaubstag vor der Haustür geht auch alkoholfrei. Hauptsache schön kühl und am Strand!

AUF EINEN BLICK

- **Start:** Bahnhof Frankfurt-Höchst
- **Ziel:** Bahnhof Mainz-Kastel
- **Strecke:** 36,8 km (Streckentour)
- **Reine Radelzeit:** 3 Std. 15
- **Höhenmeter:** ↗ 33 m ↘ 51 m
- **Wegbeschaffenheit:** Kies- und Feldwege, asphaltierte Radwege, kaum Steigungen.
- **Beste Zeit:** Warme Sommertage.
- **Ausrüstung:** Sandalen zum Wechseln am Strand, Bargeld für Cocktails und Snacks.

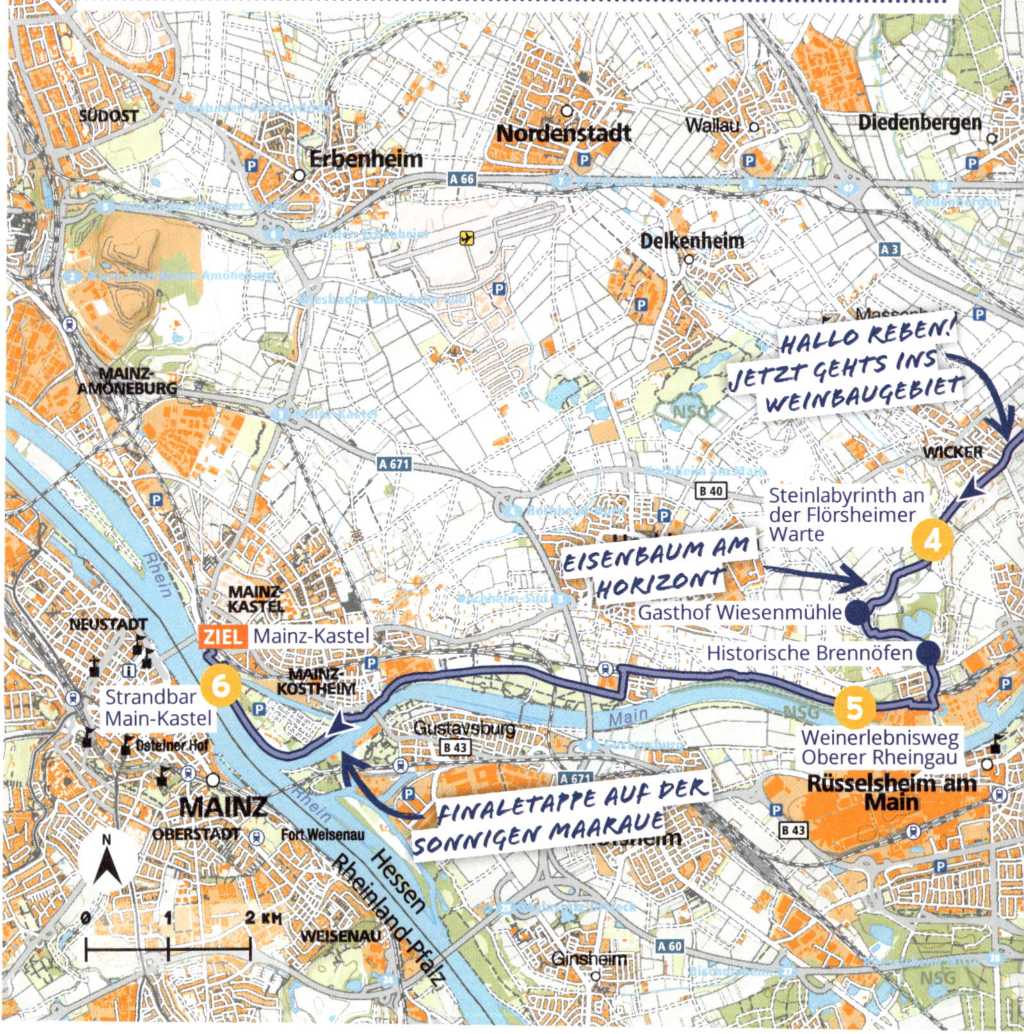

UNTERLIEDERBACH
Bahnhof Frankfurt Höchst START
HÖCHST
NIED
Kapellenberg 292
"Rundschanze"
Hofheim am Taunus
Wasserschloss Hofheim
Kriftel
ZEILSHEIM
A 66
Main
Schwanheimer Düne 1
SCHWANHEIM
NSG
SINDLINGEN
Hattersheim am Main
MARXHEIM
B 519
Kelsterbach
B 40
Rosarium Hattersheim 2
Regionalparkturm Weilbacher Kiesgruben 3
OKRIFTEL
Baggersee
EINE DER SCHÖNSTEN ALLEEN DER REGION
WEILBACH
Silbersee
Mönchwaldsee
EDDERSHEIM
A 3
Flörsheim am Main
B 43
Raunheimer Waldsee
Raunheim
A 67
Lindensee
Walldorf
B 44
Rüsselsheimer Waldschwimmbad
Mönchbruch von Mörfelden und Rüsselsheim
HASSLOCH
B 486
Jordansee
Jagdschloss Mönchbruch
Mörfelden

DIE RADELPAUSEN

»START
Bahnhof Bad Homburg

KM 2
1 Ellerhöhturm
Über den Dächern der Kurstadt

KM 5
2 Kirdorfer Feld
Picknick vor doppelter Skyline

KM 11
3 Kleiner Tannenwald
Atelier für Gartenkunst

3 ZWEITE CHANCEN

Rund um Bad Homburg

Was Kurstädte und Mittelgebirge wie der Taunus gemeinsam haben? Sie werden gern unterschätzt und noch lieber unter Klischees begraben. Dass man ihnen damit unrecht tut, beweist Bad Homburg sogar zweimal: erst auf Abstand, dann ganz nah dran.

KM 17
4 Römische Villa
Reise in die Römerzeit

KM 20
5 Kurpark
Von wegen verschlafen

KM 23
6 Bad Homburger Schloss
Abtauchen in die Jahrhunderte

KM 24,4 » ZIEL
Bahnhof Bad Homburg

ES IST NOCH GAR NICHT SO LANGE HER, ...

» ... da war der Taunus eine der Top-Ferienadressen in Hessen, mit seinen sanften grünen Hügeln, romantischen Dörfchen und Kurstädten, die ihrem Ruf alle Ehre machten. Dann kamen Pauschalreisen, bezahlbare Flüge und eine Riesenportion kollektives Fernweh auf, und Deutschlands Mittelgebirge wurden – quasi über Nacht – Schnee von gestern. Dabei hat sich doch eigentlich gar nichts verändert.

Den Beweis schafft ein Abstecher in die Kurstadt Bad Homburg, die – gleich zweimal umrundet – ihre ganze Vielfalt demonstriert. Vom Bahnhof geht's ein Stück durch die Stadt, vorbei am großen Kurpark und dann ein Stück bergauf. Die kleine Bergetappe (gerne schieben!) zum **Ellerhöhturm** lohnt sich. Dafür sorgen wenig später sonnige Streuobstwiesen am **Kirdorfer Feld**, von denen aus ein doppelter Skyline-Blick – vorne Bad Homburg, hinten Frankfurt – einen nicht nur staunen lässt, sondern auch die pfiffigsten Fotos des Tages beschert.

OBEN AM KIRDORFER FELD ANGEKOMMEN, LIEGEN EINEM DIREKT ZWEI STÄDTE ZU FÜSSEN

Weiter geht's, vorbei am prächtigen Gotischen Haus auf eine der malerischsten Straßen der Kurstadt, die Tannenwaldallee. Die zieht sich kerzengerade als Verlängerung der Elisabethenschneise Richtung Schlosspark. Dafür sorgen, dass man die Prachtmeile freiwillig verlässt, kann nur die Parkanlage, der **Kleine Tannenwald**, der selbst dem größten Kunstbanausen mühelos zeigt, wie Garten und Kunst zusammenpassen.

Die Finaletappe des äußeren Rings der Stadtrundfahrt führt an den Grundmauern einer antiken **Römervilla** vorbei durch die Stadtteile Ober-Eschbach und Gonzenheim zurück zum grünen **Kurpark**, für dessen ausgiebige Erkundung man das Rad gern einen Moment stehen lassen kann. Eine letzte harmlose Bergetappe zum **Schloss** mit traumhaften Ausblicken auf den über und über seerosenbedeckten See und den ikonischen Weißen Turm – und die Kurstadt hat bewiesen, dass das kollektive Fernweh einfach nur den Blick trübt. Den Blick für die kleinen Wunder, die man vor lauter Alltag gar nicht mehr beachtet. «

Die ausladenden Bäume der Tannenwaldallee bilden ein raschelndes Dach überm Radweg.

An den Rändern der Kurstadt beherrscht der Taunusblick das Bild.

Der Bad Homburger Kurpark mit unzähligen Grüntönen ist viel mehr Herz der Stadt als einfach nur ein Park.

RADELN & GENIEßEN

Nicht besonders hoch, dafür auch selbst nettes Fotomotiv: der Ellerhöhturm.

»START

Bahnhof Bad Homburg

Vom Bad Homburger Bahnhof den Radweg-Schildern Richtung Innenstadt folgen und hinter der Kaiser-Friedrich-Promenade den Kurpark durchqueren. Über den Quellenweg bergauf, bis links der Ellerhöhweg abzweigt.

Nach der ersten Bergetappe noch Lust auf Treppensteigen? Dann nichts wie ran an die Wendeltreppe.

KM 2

1 Ellerhöhturm

Über den Dächern der Kurstadt

Die verdiente Pause nach dem Anstieg Richtung Waldrand liegt nur noch ein paar Stufen entfernt und führt zu einer ganz besonderen Aussichtsplattform. Von der waren beim ersten Turmbau in den 1870er Jahren vermutlich noch viel weitere Blicke möglich als über die Dächer der Kurstadt in weite Felder und Windparks sowie über das Grün des Kurparks. Dass die Bebauung heute dichter ist und Bad Homburg sichtbar gewachsen, macht oben am Kopf der Wendeltreppe rein gar nichts. Schließlich liegt einem die Stadt nun zu Füßen und der Großteil der Bergetappe ist geschafft.

Etwas oberhalb des Turms links abbiegen: Am Pilgerrain, dann halb rechts halten: Breiter Weg. Hinterm Hotel Molitor links abbiegen.

Kontrastprogramm im Grünen: Hinter Obstwiesen und Wipfeln liegen zwei Städte, die unterschiedlicher kaum sein könnten.

KM 5

2 Kirdorfer Feld
Picknick vor doppelter Skyline

Wenn die Sitzbänke am Wegesrand im Kirdorfer Feld daran erinnern, auch mal eine Pause einzulegen, ist der perfekte Zeitpunkt für ein Picknick in der Sonne gekommen – und für den Blick nach Süden. Hier liegt an klaren Tagen gleich eine doppelte Skyline vor Obstbäumen und schier endlosen Wiesen. Hinten, ganz in der Ferne, ragen die Frankfurter Hochhäuser vor den Hügeln des Odenwalds empor. Eine Reihe weiter vorn stellen die Kirchtürme und Bad Homburger Wahrzeichen wie der Weiße Turm die Großstadt ein bisschen in den Schatten.

Ausgeschildertem Radweg Richtung Dornholzhausen folgen. Am Gotischen Haus links auf die Tannenwaldallee. Nach etwas über einem Kilometer zeigen Schilder nach rechts zum Kleinen Tannenwald.

KM 11

3 Kleiner Tannenwald
Atelier für Gartenkunst

Mit seinen symmetrisch gemusterten Gartenanlagen, grünen Bogengängen und dem perfekt im Wasser gespiegelten Kolonnadentempel gehört der Kleine Tannenwald nach einigen Jahren der Verwilderung wieder zu den Lieblingsorten der Bad Homburger und ihrer Besucher:innen. Zu denen zählten über Generationen Kurgäste, Berühmtheiten wie Johann Wolfgang von Goethe und natürlich auch die Landgräfinnen und Landgrafen von Hessen-Homburg, die den Park einst anlegen ließen. Heute kümmert sich neben der Stadt auch ein Freundeskreis um die Pflege und Wiederherstellung des Gartens und lädt regelmäßig zu Führungen und Märchenstunden ein. (www.kleiner-tannenwald.de)

In bisheriger Fahrtrichtung am Kleinen Tannenwald vorbeifahren und den Schildern der Bad Homburger Radrundroute weiter folgen, bis linker Hand der Lindenhof ins Sichtfeld rückt. Hier links Richtung Ober-Eschbach abbiegen.

Bloß nicht hetzen! Im Kleinen Tannenwald warten viele Details darauf, entdeckt zu werden.

Faszinierender Fund aus der Vergangenheit. Nach der römischen Villa sind heute die Straßen der Siedlung benannt.

KM 17

4

Römische Villa

Reise in die Römerzeit

Ob die Römer wohl auch begeistert gewesen wären beim Gedanken, dass noch in Jahrtausenden ihre Spuren längst vergangene Geschichten erzählen würden? Die Grundmauern einer Römervilla liegen im östlichen Bad Homburger Stadtteil Ober-Eschbach sogar mitten in einem Wohngebiet und sorgen so dafür, dass Römerzeit und Moderne in friedlicher Nachbarschaft zusammenleben. Wer durch das Tor im Zaun auf die moosbewachsenen Mauern zutritt, liest drinnen eine Menge über das, was wir heute über das römische Leben im Taunus, in der Provinz mit dem klingenden Namen Germania Superior, wissen.

Der Jakob-Lengfelder-Straße weiter folgen und hinterm Eschbach links Richtung Bad Homburger Kurpark abbiegen.

KM 20

5

Kurpark

Von wegen verschlafen

Ein Kurpark ist grundsätzlich zur Erholung da. Wer sagt denn, dass deshalb keine spannenden Entdeckungen warten? Beim Spaziergang durch den denkmalgeschützten Park in Bad Homburg wartet sogar eine halbe Weltreise! Im englischen Landschaftsgarten sind zwischen gepflegten Seen und wildromantischen kleinen Schluchten botanische Spuren aus so ziemlich allen Winkeln der Welt zu finden. Dazu ragen mal die Türme einer russischen Kirche, mal die kunstvoll geschwungenen, spitz zulaufenden Dächer von Thai-Salas ins bunte Landschaftsbild. Dazu galt der Park über die Jahrhunderte auch als Vorreiter in Sachen Sport: Der noch heute betriebene »Old Course« ist der älteste Golfplatz des Landes, und auch Tennisschläger sollen in Kontinentaleuropa zum ersten Mal hier geschwungen worden sein.

Den Radweg vorbei an Kurpark und Jubiläumspark weiter folgen und an der Dietigheimer Straße links Richtung Schloss abbiegen.

Seine prächtigen Tempel verdankt der Kurpark einem heilsamen Kuraufenthalt eines thailändischen Monarchen.

All you need is love? Im Kurpark hat Bad Homburg seinen eigenen Hotspot für Liebesschlösser.

EXTRA INFOS:

● **Hotel Molitor:** Auf der gemütlichen Terrasse des Hotel-Restaurants gibt's neben einem Eiskaffee oder kühlen Getränk prima Aussicht. Wer eine Wochenendtour aus dem Ausflug machen will, bleibt über Nacht. (www.hotel-molitor.de)

KM 23

6 Bad Homburger Schloss

Abtauchen in die Jahrhunderte

Mit einer englischen Königstochter, den letzten deutschen Kaisern und etlichen weiteren Adligen hat das Bad Homburger Schloss über die Jahre so einiges an royaler Prominenz kommen und gehen sehen und könnte so einige Geschichten erzählen: über seinen Erbauer, Landgraf Friedrich II., der eine mittelalterliche Burg für seinen Neubau dem Erdboden gleichmachte und nur den mächtigen Bergfried stehen ließ. Der ist heute als Weißer Turm das Wahrzeichen des Schlosses. Über Prinzessin Elizabeth, die Tante der späteren englischen Königin Victoria, die als Landgräfin für die Modernisierung des Schlosses sorgte und den landgräflichen Gärten einen englischen Touch verlieh. Und über den letzten deutschen Kaiser Wilhelm II., der im sonnigen Taunus manchen Sommer verbrachte. Beim Spaziergang rund um den Prachtbau werden diese Geschichten mit etwas Fantasie wieder lebendig. (www.schloesser-hessen.de/de/schloss-bad-homburg)

Über Dorotheenstraße und Schöne Aussicht zurück Richtung Stadt und der Ausschilderung Richtung Bahnhof folgen.

KM 24,4 » ZIEL

Bahnhof Bad Homburg

Der Weiße Turm ist das älteste Gebäude auf dem Gelände des heutigen Schlosses Bad Homburg.

AUF EINEN BLICK

- **Start/Ziel:** Bad Homburg Bahnhof
- **Strecke:** 24,4 km (Rundtour)
- **Reine Radelzeit:** 2 Std. 45
- **Höhenmeter:** ↗ 135 m ↘ 135 m
- **Wegbeschaffenheit:** Asphalt-, Wald- und Kieswege. Anfangs teils knackige Steigungen, die sich aber auch ein Stück weit schieben lassen.
- **Beste Zeit:** Wenn zwischen Frühling und Hochsommer die Tannenwaldallee einen grünen Tunnel bildet.
- **Ausrüstung:** Eventuell Picknickdecke und Verpflegung für unterwegs.

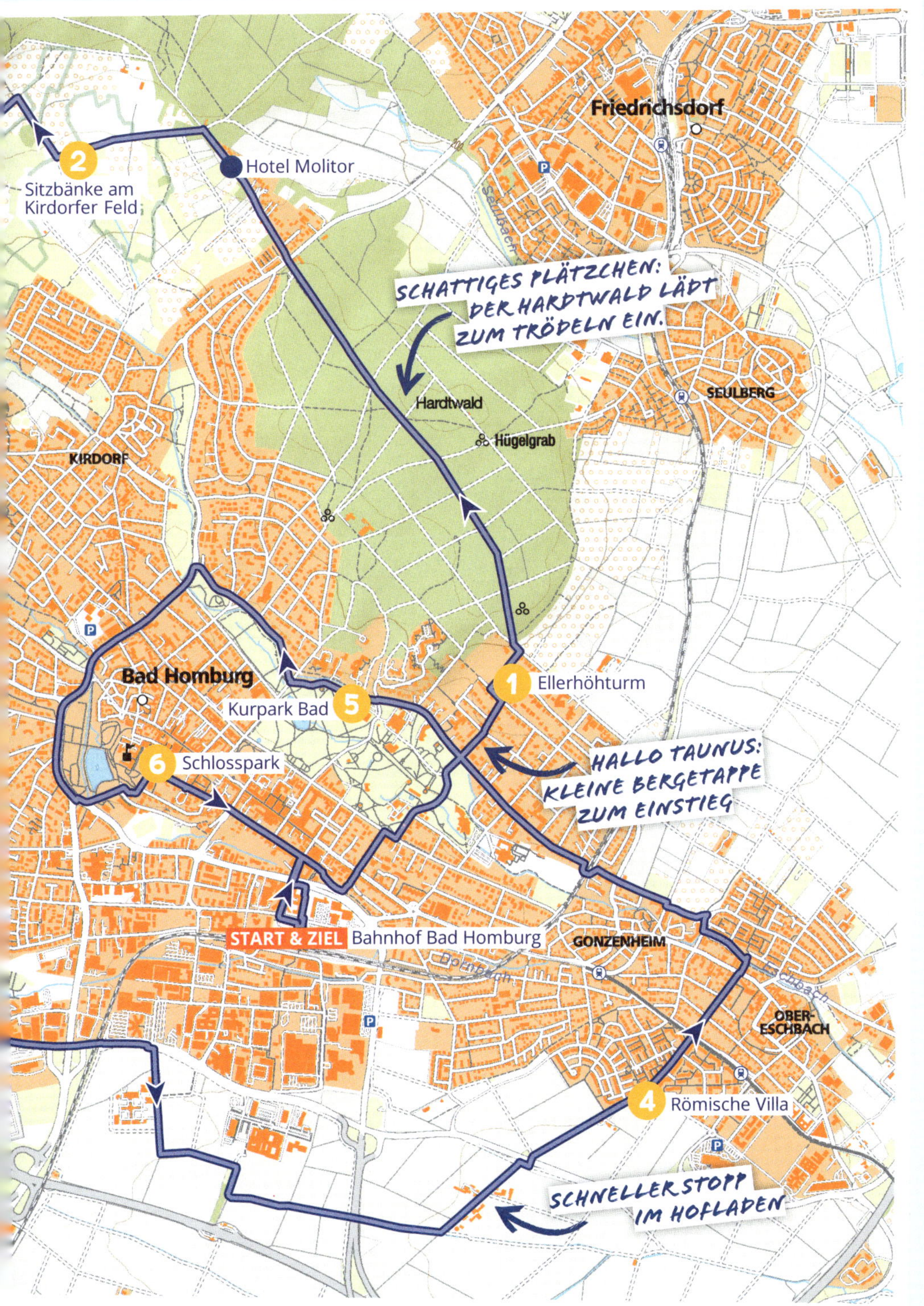

Friedrichsdorf
Hotel Molitor
2
Sitzbänke am
Kirdorfer Feld
Seulbach
SCHATTIGES PLÄTZCHEN:
DER HARDTWALD LÄDT
ZUM TRÖDELN EIN.
Hardtwald
Hügelgrab
SEULBERG
KIRDORF
Bad Homburg
1
Ellerhöhturm
Kurpark Bad
5
6
Schlosspark
HALLO TAUNUS:
KLEINE BERGETAPPE
ZUM EINSTIEG
START & ZIEL
Bahnhof Bad Homburg
GONZENHEIM
Dornbach
Eschbach
OBER-
ESCHBACH
4
Römische Villa
SCHNELLER STOPP
IM HOFLADEN

DIE RADELPAUSEN

» START
Bahnhof Mühlheim-Dietesheim

KM 6
1 Hafenbalkon
Picknick mit Hafenblick

KM 9
2 Auheimer Brücke
360-Grad-Flusspanorama

KM 14
3 Eispause bei Köhler-Küsse
Zuckersüße Wegzehrung

4

AM GROẞEN CANYON

Zwischen Mühlheim und Hanau

Zwei Dinge, mit denen dieses besondere Fleckchen Natur überrascht: Felsen und türkisfarbenes Wasser. Auf einen Schlag, fast ohne Vorwarnung. Zwischen Mühlheim und Hanau geht es erst am Main entlang, dann hinein in den schattigen Wald, und immer wieder zu Orten, die beweisen, dass man den Osten der Region gerne unterschätzt.

KM 21
4 Tierpark Alte Fasanerie
Unter Waldbewohnern

KM 29
5 Oberwaldsee
Streifzug durch Gestern und Heute

KM 30
6 Canyon-Steg
Ganz weit wegträumen

KM 32,3 » ZIEL
Bahnhof Mühlheim-Dietesheim

DIE SCHÖNSTEN LANDSCHAFTEN ...

» ... sind oft die, mit denen die Natur daran erinnert, dass auch aus Zerstörung ein kleines Paradies werden kann. Renaturierte Industriegebiete, die das in ihrer ganzen Vielfalt demonstrieren, gibt's im Rhein-Main-Gebiet so manche. Doch das außergewöhnlichste von ihnen hat eine Welt geschaffen, in der man sich die Augen reiben muss.

Der Weg dorthin führt zunächst ein ganzes Stück am Main entlang. Der fließt einem unterwegs friedlich entgegen und lässt selbst aktuelle Industriemonumente auf dem Wasser und der anderen Uferseite irgendwie malerisch wirken. Große Schiffe, die zur Weiterfahrt auf dem Fluss mächtige Schleusen passieren müssen, andere, die zum Be- und Entladen den geschäftigen Hanauer Hafen ansteuern. Und auf den hat man vom **Hafenbalkon** aus direkt den perfekten Ausblick.

ATEMBERAUBEND: OBEN AUF DEN FELSEN ZU STEHEN, WO EINEM DIE SEENLANDSCHAFT ZU FÜSSEN LIEGT

Am Mainradweg lohnt sich aber nicht nur der Blick aufs Wasser. Am südlichen Ufer geht's vorbei am versteckten Schloss Steinheim, das ein Fachwerktürmchen am Schlossgarten verrät, und auch ein Stück abseits des Mains durch Wiesen und Felder. Zurück am Main, geht es an der **Auheimer Brücke** und begrünten Uferstellen vorbei, wo Enten und Gänse um die besten Sonnenplätze buhlen, bis nach Hainburg, zur **Eispause bei Köhler-Küsse**.

Von hier folgt man den Rad- und Feldwegen des Grünen Rings Hanau zu den Wildtieren der **Alten Fasanerie**. Dann geht's am Ufer des blau schimmernden Tistrasees entlang, hinein in die faszinierende **Seenlandschaft**, die die vor Jahrzehnten aufgegebenen **Dietesheimer Steinbrüche** hinterlassen haben. Unfassbare Ausblicke auf dicht bewaldete Basalthänge warten hier, und wer das Rad abstellt und ein Stück an den Ufern entlangwandert, kommt in schmalen Buchten ganz nah ans Wasser, wo Frösche, Molche und Libellen sich den Lebensraum zurückerobert haben. Über den **Canyon-Steg** führt der Weg allmählich wieder raus aus Wald und Naturschutzgebiet zurück zur S-Bahn. «

Traumhafter Blick und perfekte Illusion: Die Steinbruchseen zählen zu den überraschendsten Orten in Rhein-Main.

Die Mauer am Weißen Turm trennt den Radweg vom Garten des Schlosses Steinheim.

Viele versteckte Ecken am Main sind wie gemacht für eine kleine Pause in der Sonne.

RADELN & GENIEẞEN

»START
Bahnhof Mühlheim-Dietesheim

Hinterm Bahnhofsparkplatz die Gleise unterqueren und Richtung Mainradweg halten.

Fast 1500 Schiffe schauen pro Jahr im Hanauer Hafen vorbei.

KM 6

1 **Hafenbalkon**

Picknick mit Hafenblick

Hat man nicht irgendwann gelernt, dass es unhöflich ist, anderen bei der Arbeit zuzuschauen? An Häfen kann man die guten Manieren getrost vergessen, ganz egal, ob sie in Hamburg, Hongkong oder Hanau liegen. Die schwebende Bank auf dem Hafenbalkon im Hanauer Stadtteil Steinheim ist dafür der perfekte Ort, und als Tarnung kann man beim Blick auf die Frachter, Kräne und Lagerhallen ja auch ein kleines Picknick auspacken und die erste Pause des Tages einfach ein bisschen in die Länge ziehen. Immerhin ist Hanau nach dem Frankfurter Osthafen der größte Mainhafen überhaupt – langweilig wird der Ausblick also selten.

Weiter auf dem Mainradweg.

EHRENRUNDE FÜR DEN AUSBLICK

Da die Auheimer Brücke seit den 1980er Jahren für Autos gesperrt ist, haben Radler und Fußgänger die breite Fahrbahn für sich.

Eis oder Schaumkuss? Das Team von Köhler-Küsse ist auf beides spezialisiert.

VERDIENTE PAUSE AN EXTRASCHÖNEN TAGEN

KM 14

3 Eispause bei Köhler-Küsse

Zuckersüße Wegzehrung

Zeit für ein Eis – aber sowas von! Eins der besten in der Region gibt es auf dem Fabrikgelände von Köhler-Küsse, wo neben Waffeln und zuckrigen Schaumküssen auch viele Sorten Eis produziert werden, die an Gastronomieunternehmen oder als Rohstoffe an andere Eisdielen geliefert werden. An Tagen, an denen die süße Pracht nicht gleich im Fahrradkorb zerläuft, lohnt auch noch ein Abstecher in den Fabrikverkauf, wo man guten Gewissens eine süße Wegzehrung oder ein Mitbringsel für die Daheimgebliebenen einholen kann. Man selbst hat die Kalorien ja bereits abgestrampelt! (www.koehler-kuesse.de)

Auf der anderen Straßenseite rechts dem Fahrradweg folgen, dann links Richtung Ortskern halten und weiter Richtung Fasanerie.

KM 9

2 Auheimer Brücke

360-Grad-Flusspanorama

Faszinierende Licht- und Schattenspiele und Blicke in alle vier Himmelsrichtungen sorgen dafür, dass die Pragmatik, die mit so einem Brückenbau einhergeht, zwischen Hanau und Klein-Auheim in den Hintergrund rückt. Einfach rauf, rüber, runter, dafür wäre der Abstecher auf die Auheimer Brücke doch viel zu schade. Also: (Handy-) Kamera raus und sehen, was zwischen künstlerischen Detailaufnahmen und Postkartenmotiven bei der aktuellen Lichtlage so drin ist.

Zurück ans Südufer des Mains, und auf dem Mainradweg bis zur Schleuse, dann Richtung Hainburg.

Auf den Aussichtsplattformen am Oberwaldsee gehen die Perspektivwechsel nie aus.

KM 29

5

Oberwaldsee

Streifzug durch Gestern und Heute

Willkommen im Paradies! Einem, in dem sich der Mensch der Natur unterordnen muss, nachdem er hier jahrelang die Oberhand hatte. Riesige Hinweisschilder erinnern daran, dass vieles, was die Natur stören könnte, verboten ist: Baden, Zelten, Lagerfeuer sind hier heute tabu. Was einen aber nicht daran hindert, am Oberwaldsee, dem größten der Dietesheimer Seen, zu Fuß auf Streifzug zu gehen. Hier fasziniert der Blick auf renaturierte Steinbrüche alle paar Meter neu, vor allem von den Aussichtsplattformen an der Nord- und Ostseite. Die sorgen nicht nur für immer neue Blickwinkel, sondern auch dafür, dass man praktisch einen Logenplatz hat, wenn sich Schwarzmilane, Haubentaucher und Spechte dann doch einmal für den Menschen bemerkbar machen.

Über Reuterrain und Markweg weiter durchs Naturschutzgebiet Dietesheimer Seen.

KM 21

4

Tierpark Alte Fasanerie

Unter Waldbewohnern

Von Wildvögeln, Hirschen und Rehen, Wildschweinen, Wölfen bis Luchsen lebt eigentlich alles in den großen, vom hessischen Landesforstbetrieb betreuten Wildgehegen, was sich hier wohl und heimisch fühlt, auch wenn die dichte Besiedlung einige Tierarten bereits vertrieben hat. Umso beeindruckender, wie nah man den faszinierenden Tieren hier mitten im Wald sein kann. Dabei lässt sich beobachten, wie sie über den weichen Waldboden laufen, im Schatten ein Nickerchen halten, in ihren Rudeln und Rotten interagieren und sich von den stillen Beobachter:innen in ihrem Alltag kaum stören lassen. (www.hessen-forst.de/freizeit/wildpark-alte-fasanerie-hanau)

Der Fasaneriestraße und zunächst Schildern Richtung Lämmerspiel folgen. Dann Richtung Steinheim und Mühlheim halten.

Luchse gehören zu den faszinierendsten heimischen Wildtieren, denen man in der Alten Fasanerie ganz nah kommt.

Ein Bad im klaren Wasser der Seen bleibt aus Naturschutzgründen den tierischen Bewohnern vorbehalten.

WILDE WINKEL SATT

EXTRA INFOS:

● **Tistrasee:** Der naturgeschützte Klein-Auheimer See unweit der Fasanerie bietet einige hübsche Picknickplätze mitten in der Natur – mit etwas Glück bekommt man hier sogar Eisvögel zu sehen.

KM 32,3 » ZIEL
Bahnhof Mühlheim-Dietesheim

KM 30

6 Canyon-Steg

Ganz weit wegträumen

Die wahrscheinlich spektakulärste Aussicht im gesamten Naturschutzgebiet bietet die schmale Brücke, die auf knapp 14 Metern Höhe an einem Durchbruch zwischen Oberwaldsee und Vogelsberger See von einer Basaltklippe zur anderen führt und einem das Gefühl gibt, überall zu sein – aber sicher nicht im Rhein-Main-Gebiet. In beide Richtungen schaut man von hier aus ins klare Wasser der Steinbruchseen und kann sich beim besten Willen nicht vorstellen, dass hier noch in den 1980er Jahren ein Steinbruch gewesen sein soll.

Dem Radweg weiter folgen und über Am Hansteinweiher und Am Grünen See zurück Richtung Dietesheim.

Von einer kleinen Bucht auf der gegenüberliegenden Seite des Sees lässt sich der Canyon-Steg besonders schön fotografieren.

DER TIEFENENTSPANNTE MAINRADWEG
KESSELSTADT
Main
Hafenbalkon
1
B 43
Dietesheim
START & ZIEL
Bahnhof Mühlheim-Dietesheim
Hansteinweiher
6
Canyon-Steg
Frankfurter See
Oberwaldsee
NSG
Steinheim
5
Oberwaldsee
NSG
B 45
REIN IN DIE FELSENLANDSCHAFT
Hellenbach
B 43a
Lämmerspiel
NSG
Tistrasee
NSG
Bruhlsgraben
Rodau
4
Tierpark Alte Fasanerie Hanau
Hausen
N
0
1
2 KM
B 45
NSG
AB IN DIE WILDNIS

AUF EINEN BLICK

- **Start/Ziel:** Bahnhof Mühlheim-Dietesheim
- **Strecke:** 32,3 km (Rundtour)
- **Reine Radelzeit:** 2 Std. 45
- **Höhenmeter:** ↗ 28 m ↘ 28 m
- **Wegbeschaffenheit:** Asphalt am Main, Feld- und Waldwege.
- **Beste Zeit:** Zwischen Frühling und Herbst.
- **Ausrüstung:** Geld für Eis und Wildpark-Eintritt, Picknick für unterwegs.

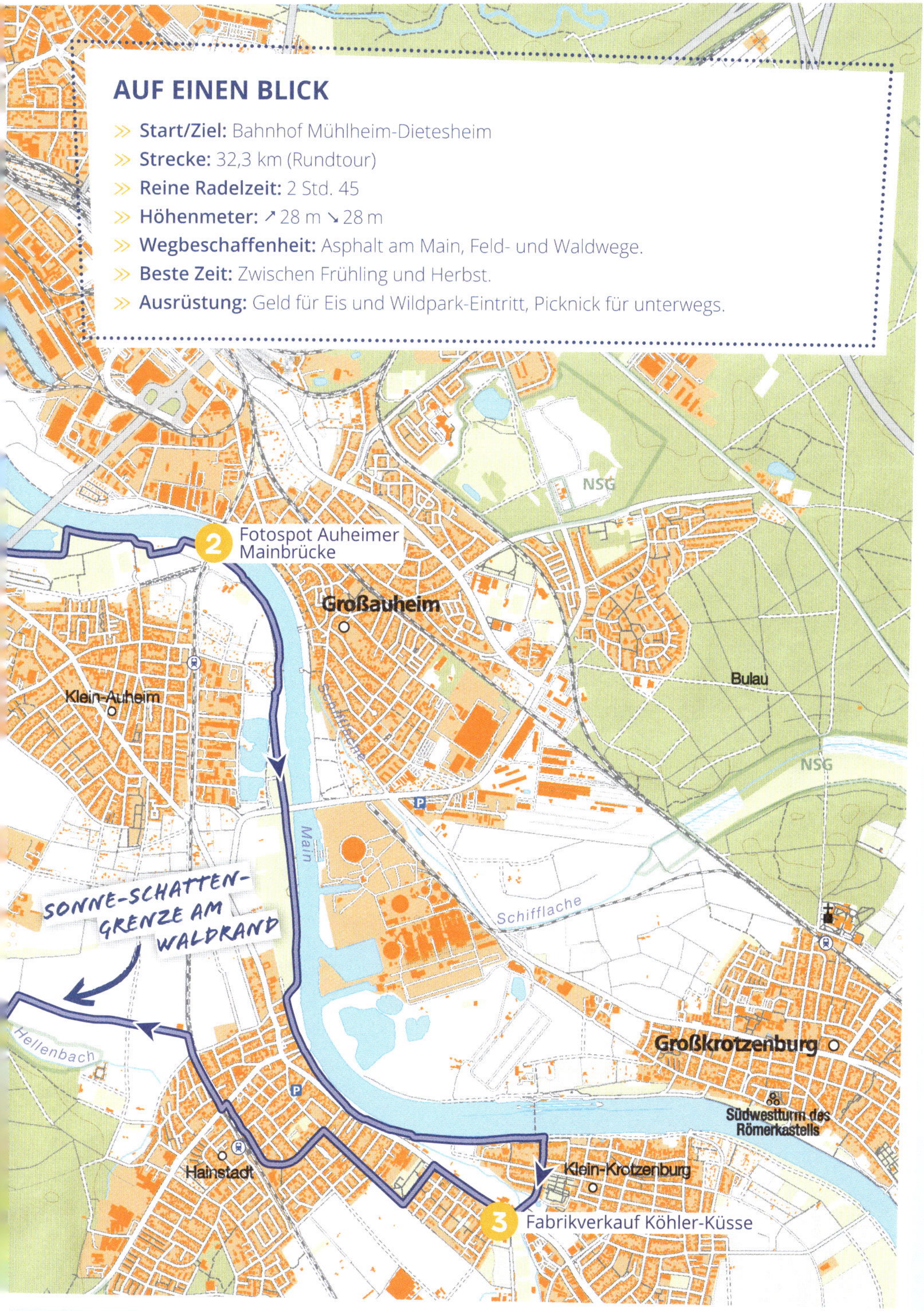

DIE RADELPAUSEN

» START
Bahnhof Frankfurt-Höchst

KM 9
1 Licht- und Luftbad
Kleine Insel-Auszeit

KM 12
2 Merals Dönerboot
Snack mit Skyline-Blick

KM 21
3 Bootshaus Bürgel
Abkühlung mit Strandfeeling

5 WENN ZWEI SICH STREITEN

Am Main zwischen Frankfurt und Offenbach

Den richtigen Zeitpunkt für den Start einer Paartherapie haben die Nachbarstädte Frankfurt und Offenbach locker um ein paar Generationen verpasst. Was die beiden dennoch verbindet, ist der Main. Und wer dem folgt, erlebt an beiden Ufern erstaunlich harmonische Momente.

KM 25

4 Schloss Rumpenheim
Auf Fotosafari im Schlosspark

KM 33

5 Offenbacher Hafenviertel
Chillen unterm Leuchtturm

KM 39

6 Nizza-Ufer
Träumen vom Mittelmeer

KM 50,8 » ZIEL
Bahnhof Frankfurt-Höchst

ES GIBT DINGE, …

» … die gehören zu Hessen wie die Musik zum Handkäs. Klassisches Beispiel: die Rivalität zwischen Frankfurtern und Offenbachern – egal, ob man nun fünf Jahre in einer der beiden Städte wohnt oder 50. Wie heißt es so schön? Wenn zwei sich streiten, freut sich der Dritte. Also der, der immer am Main entlang die interessantesten Ecken beiderseits der Stadtgrenze aufspürt.

Los geht's im Frankfurter Westen, wo das vor knapp 100 Jahren eingemeindete Höchst demonstriert, dass man sich mit Frankfurt auch nach einigen Querelen versöhnen kann. Hier geht's durch die Fachwerkgassen der hübschen Altstadt über den Schlossplatz runter zum Main, den man am schönsten mit der letzten verbliebenen Mainfähre Frankfurts überquert.

NAH AM UFER MIT MAINBLICK DIE DECKE AUSBREITEN UND DIE SONNE GENIESSEN – HERRLICH!

Auf der anderen Seite angekommen, geht's immer am Fluss entlang vorbei an den Stadtteilen Schwanheim und Niederrad, mit kurzen Pausen am **LiLu** und dem legendären **Dönerboot** quasi mittenrein in die Stadt. Am beschaulichen Sachsenhäuser Ufer radelt man im Schatten der eindrucksvollen Gebäude des Frankfurter Museumsufers, bevor es wieder stadtauswärts geht. Mit etwas Glück liegen bei Oberrad die sieben Kräuter der Grünen Soße in der Luft, während die Gewächshäuser des Frankfurter »Gärtnerdorfs« für Landidyll sorgen. Unweit der Stadtgrenze erinnert eine Zählstation für Radfahrende daran, dass man doch nicht allein hier unterwegs ist.

Es geht vorbei an der Offenbacher Innenstadt, hübschen Pausenplätzen und sogar einem Beachvolleyballfeld direkt am Main. Ein Stück weiter sind die Liegestühle vorm **Bootshaus Bürgel** ein gemütlicher Stopp, bevor es weiter zum östlichsten Punkt der Tour, dem hübschen **Schloss Rumpenheim,** geht. Nach dem Weg durch den Stadtteil Bürgel, der mit einigen alten Fachwerkhäusern fast ein wenig Dorfromantik versprüht, ist das **Offenbacher Hafenviertel** mit seinen Neubauten und einem dekorativen Hafenkran der perfekte Kontrast. Der letzte Stopp vor dem Ziel liegt dann wieder auf Frankfurter Boden, wobei man beim Bummel am **Nizza-Ufer** vergessen kann, dass Frankfurt – und damit ja auch irgendwie Offenbach – nicht am Mittelmeer liegt. Zurück nach Höchst geht's diesmal am Nordufer des Mains, mit Glück sogar Richtung Sonnenuntergang. «

Immer wieder führt der Mainradweg auch mal ein Stück Weg vom Wasser.

Der Westhafentower trägt wegen seines Rautenmusters, das an die typischen Apfelweingläser erinnert, den Spitznamen »Geripptes«.

Stadt? Welche Stadt? In beiden Städten schafft der Main stellenweise das Gefühl, als wäre man ganz tief im Grünen.

RADELN & GENIEßEN

»START
Bahnhof Frankfurt-Höchst

Über Antoniterstraße Richtung Schlossplatz und Main fahren. Dort entweder mit der Fähre oder über die Leunabrücke ans Südufer, und auf dem Mainradweg weiter Richtung Frankfurt.

»Heimliche Liebe« – als wäre das versteckte Boot auf einem Mainarm am LiLu nicht schon wildromantisch genug …

KM 9

1 Licht- und Luftbad

Kleine Insel-Auszeit

Das Licht- und Luftbad, im Volksmund einfach nur LiLu genannt, ist eine der grünen Oasen der Stadt. Es liegt auf einer Halbinsel im Main und war früher ein öffentliches Flussbad. Statt einem Bad im kühlen Main taucht man hier heute in ein gutes Buch oder verliert sich auf einer Decke liegend in vorbeiziehenden Schäfchenwolken. Danach geht's auf Entdeckungstour. Aufgabe: So lange mit offenen Augen über die Insel spazieren, bis das Naturschiff mit dem klingenden Namen »MS Heimliche Liebe« ins Blickfeld rückt!

Weiter auf dem Mainradweg.

KM 12

2 Merals Dönerboot
Snack mit Skyline-Blick

Zugegeben: Was die Auswahl an guten Dönerbuden angeht, brauchen sich weder Frankfurt noch Offenbach zu verstecken. Die legendärste von ihnen befindet sich jedoch direkt auf dem Main. Dass Merals Dönerboot am Museumsufer geöffnet ist, ist meist anhand der langen Schlange an der Promenade zu erkennen. Wer sich mit gezückter Picknickdecke anstellt und einen klassischen, Veggie- oder Fischdöner bestellt, sieht sich nicht nur einem fantastischen Mittagssnack gegenüber, sondern auch einem der Hammer-Ausblicke mitten in die Skyline. Hach Frankfurt! (www.meral-event.de)

Den Radwegschildern weiter Richtung Offenbach folgen.

Kultsnack mit Aussicht: Nirgends isst man in Frankfurt seinen Döner so schön wie am Mainufer.

HOTSPOT FÜR SCHNAPPSCHÜSSE

KM 21

3 Bootshaus Bürgel
Abkühlung mit Strandfeeling

Direkt an einem Bootsanleger, vor vorbeiziehenden Frachtern, Kanus und SUPs, warten auf einer Wiese am Ufer die gemütlichen Strandstühle des Restaurants Bootshaus. Schnell das Rad abgestellt und an der Theke eine eisgekühlte hausgemachte Limo bestellt: Verschnaufpause im Liegestuhl. Wer kein gutes Buch dabei hat, nimmt stattdessen einfach das Programm, das das Mainkino einem gerade bietet. In den Sommermonaten herrscht hier auf dem Fluss reger Betrieb. (www.bootshaus-buergel.eu)

Weiter auf dem Mainradweg bis zum Fähranleger in Rumpenheim.

Chill mal! Die Liegestühle direkt am Anleger des Bootshaus Bürgel kommen für die Pause wie gerufen.

KM 25

4 Schloss Rumpenheim
Auf Fotosafari im Schlosspark

Für manche Dinge lohnt es sich einfach zu kämpfen. Die schnieke Schlossanlage gegenüber des Fähranlegers in Rumpenheim gehört ohne Frage dazu. Der dreiflügelige Prachtbau schien noch vor wenigen Jahrzehnten Verfall und Abriss geweiht, bis sich eine Bürgerinitiative gründete, die sich für die Rettung des 1943 durch Bomben beschädigten Schlosses einsetzte. Auch wenn im zum Wohnkomplex umgebauten Schloss heute Normalsterbliche residieren, bietet das Gebäude immer noch reichlich Wow-Momente. Der große Schlosspark ist der perfekte Ort für einen kleinen Foto-Streifzug, um ja keine beeindruckende Perspektive zu übersehen.

Auf dem Rückweg folgt man den Radwegweisern Richtung Bürgel für einen kurzen Landschaftswechsel, ehe es am Mainbogen wieder für ein Stück auf den Radweg geht.

Der botanische Garten am Main wird beim Mainspaziergang gern übersehen.

Die Zugänge zum Schloss Rumpenheim schmücken heute hübsch gepflegte, bunte Vorgärten der Bewohner.

KM 33

5 Offenbacher Hafenviertel
Chillen unterm Leuchtturm

Der Stopp im jungen Offenbacher Stadtteil ist nun überfällig, denn kaum ein Ort verbindet die zerstrittenen Nachbarstädte heute so sehr miteinander wie dieser. Genau wie in Frankfurt schießen hier seit Jahren kantige Wohnblöcke aus dem Boden, und genau wie in Frankfurt ist jeder Quadratmeter Wohnraum heftig umkämpft. An der Hafentreppe mit Hafenkran und Leuchtturm hat der Main sogar fast ein bisschen Elbfeeling parat. Direkt nebenan am Hafen liegt einer der Lieblingsorte der Kulturszene, mit Konzerten, Open-Air-Kinoabenden und Klubnächten (www.hafen2.net). Wer lieber Natur schnuppern mag, dreht eine Runde durch das Urban-Gardening-Projekt Hafengarten.

Über den Mainradweg zurück nach Frankfurt, dort über die Osthafenbrücke zurück ans Nordufer und von hier auf der andern Mainseite weiter.

KM 39

6 Nizza-Ufer
Träumen vom Mittelmeer

Was Offenbach und Frankfurt letztendlich verbindet? In manchen Momenten liegen sie beide am Meer! Wenn flussabwärts langsam die Sonne untergeht, ist das Mainufer – und zwar Hibbdebach, Dribbdebach, große Großstadt oder kleine – der beste Ort für den Sundowner in der Sommersonne. Die finale Station am Frankfurter Nizza-Ufer ist der perfekte Ausgleich. Im Schatten der Skyline führt ein Bummel unter die Bananenstauden und Palmen des kleinen Botanischen Gartens direkt am Main. Im nahegelegenen Sommergarten gibt's kühle Feierabend-Drinks, oder man sucht sich zwischen Park und Ufer einfach ein schattiges Plätzchen für die Picknickdecke.

Den Radwegen am nördlichen Mainufer zurück nach Höchst folgen. Für einen früheren Abschluss der Tour liegt der Frankfurter Hauptbahnhof direkt um die Ecke.

EXTRA INFOS:

Ein bisschen Galerie, ein bisschen Kulturbühne, ein bisschen Bar – die Räume des ● **Kunstvereins Familie Montez** am Fuße der Honsellbrücke gehören zu den inspirierenden Orten der Stadt. (www.kvfm.de)

KM 50,8 » ZIEL

Bahnhof Frankfurt-Höchst

HIPPE HAFENSTADT AM MAIN

Am Hafen in Offenbach weist der Leuchtturm den Weg zum nächsten Snack.

AUF EINEN BLICK

- **Start/Ziel:** Bahnhof Frankfurt-Höchst
- **Strecke:** 50,8 km (Rundtour)
- **Alternative:** ca. 42 km bis Frankfurt Hbf. (Streckentour) – dafür hinterm Nizza-Ufer über Windmühl- und Kaiserstraße zum Frankfurter Hauptbahnhof abdrehen
- **Reine Radelzeit:** 4 Std. 30 (Abkürzung: 3 Std. 45)
- **Höhenmeter:** ↗ 17 m ↘ 17 m
- **Wegbeschaffenheit:** Flacher Radweg zum Genußradeln, größtenteils asphaltiert, vielerorts schattig.
- **Beste Zeit:** Frühling und Sommer, wenn bunte Farbtupfer am Wegesrand für gute Laune sorgen.
- **Mitnehmen:** Picknickdecke, Kleingeld für die Fähre.

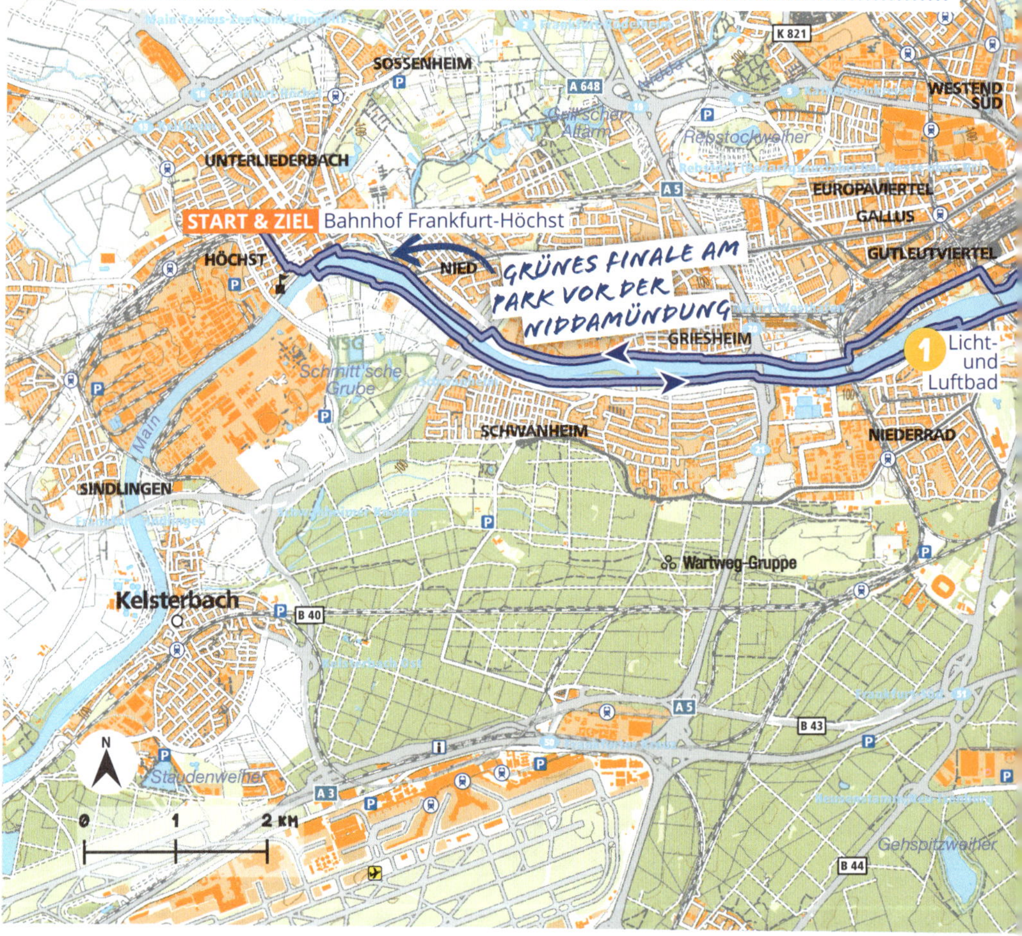

ABSEITS DER STÄDTE: HIER WIRD DER MAINRADWEG BESONDERS GRÜN
Schloss Rumpenheim
Bootshaus Bürgel
Hafenviertel Offenbach
Nizza-Ufer
Kunstverein Familie Montez
Merals Dönerboot
HESSENS ERSTER FAHRRADZÄHLER
26 MUSEEN VON AUSSEN BEGUCKEN: AM FRANKFURTER MUSEUMSUFER
FRANKFURTER BERG
SIEDLUNG HEILSBERG
PREUNGESHEIM
ECKENHEIM
Schelmenburg
BERGEN-ENKHEIM
Riedteich
Bischofsheim
Fechenheimer Weiher
Schultheis-Weiher
RUMPENHEIM
DORNBUSCH
BORNHEIM
NORDEND OST
RIEDERWALD
Pagode Phat Hue
FRANKFURT AM MAIN
ALTSTADT
BÜRGEL
WALDHEIM
Main
OFFENBACH AM MAIN
Schneckenberg 179
OBERRAD
BIEBER
Schloß Schönborn
Gravenbruch
Neu-Isenburg
Heusenstamm
Sonnenhügel 125
Luderbachaue von Dreieich
NSG
B 521
A 661
A 66
B 8
B 3
A 3
B 459

DIE RADELPAUSEN

» START
Bahnhof Wiesbaden-Biebrich

KM 5
1 Schiersteiner Hafen
Ganz nah ran an den Strom

KM 15
2 Kiedrich
Spaziergang zwischen Riesling und Fachwerkidyll

KM 18
3 Kloster Eberbach
Durch heilige Hallen wandeln

6

Rosen, Rhein und Reben

Von Wiesbaden in den Rheingau

Um im Rheingau an die tollsten Aussichtspunkte zu gelangen, muss man erstmal ordentlich in die Pedale treten. Bei der Tour zwischen Wiesbaden, Eltville und Kiedrich halten sich die Anstiege aber in Grenzen und führen trotzdem zu unbezahlbaren Weinberg-Panoramen.

KM 23
4 Weinprobierstand Hattenheim
Weinprobe vom Fass

KM 28
5 Eltville
In der Welt der Rosen

KM 37
6 Schloss Biebrich
Ein Hauch von Mittelmeer

KM 38,3 » ZIEL
Bahnhof Wiesbaden-Biebrich

ALLE GUTEN DINGE BEGINNEN MIT »R«

» Zumindest, wenn man im Rheingau zwischen Wiesbaden und Eltville unterwegs ist und ein wenig seine Fantasie spielen lässt. Da gibt es natürlich den Rhein, der direkt südlich von **Schloss Biebrich** eine Rheininsel umfließt und den Radweg Richtung Reben – natürlich vornehmlich Riesling – einige Kilometer lang begleitet.

Am **Schiersteiner Hafen** vorbei führt der Radweg dann einige Meter vom Ufer weg. Durch die Weinberge steigt es von Eltville zum hübschen Weinort **Kiedrich.** Dort sticht neben dem hübschen Kirchturm auch der stolze Rundturm der Burgruine Scharfenstein oberhalb des Orts aus dem Meer der Grüntöne heraus und verrät, dass der Aufstieg schon bald geschafft ist. Der beste Grund für viele Verschnaufpausen? Die Rundumsicht, wenn man mittendrin steht im Rebenmeer.

GEMÜTLICH: VON KLOSTER EBERBACH DURCHS TRAUMPANORAMA ZURÜCK INS TAL ROLLEN

Von Kiedrich geht's weiter vorbei an Reben und Panoramablicken zum **Kloster Eberbach.** Eine der wichtigsten historischen Kulturstätten im gesamten Rheingau, wo jeden Sommer ein Musikfestival stattfindet.

Direkt hinter dem Kloster geht's dann von alleine rollend zurück ins Rheintal, vorbei am Weingut Domäne Steinberg, wo man sich mitten im Anbaugebiet ein bisschen die Beine vertreten und die Seele baumeln lassen kann.

Wem der Magen knurrt, weil das mitgebrachte Picknick am liebsten vor Rheinpanorama verdrückt werden möchte, legt einen Zahn zu und sucht sich am Rheinufer ein Schattenplätzchen am **Weinprobierstand Hattenheim**, wo aus Weinfässern heraus regionale Produkte genüsslich in die Gläser gluckern.

Der Rhein übernimmt erneut die Führung. Zurück zu den historischen Burganlagen am Ufer in der Rosenstadt **Eltville** bleibt man ihm so nah wie möglich und nimmt ganz gemütlich den naturbelassenen Leinpfad. «

RADELN & GENIEßEN

Unzählige Schiffsmasten schaffen am Schiersteiner Hafen Riviera-Flair.

START

Bahnhof Wiesbaden-Biebrich

Am Bahnhof Wiesbaden-Biebrich links auf die Äppelallee und gleich rechts halten, um am Schlosspark Richtung Rheinufer zu fahren. Dort rechts auf den Radweg an der Rheinpromenade abbiegen und immer am Fluss entlang.

KM 5

1 Schiersteiner Hafen

Ganz nah ran den Strom

Wer keine Lust auf Wassersport hat, kann am Schiersteiner Hafen herrlich auf Fototour gehen.

Irgendwie versprüht das große Hafenbecken, das ein schmaler, dicht bewaldeter Streifen Land vom großen Rhein trennt, trotz hunderter Kilometer Entfernung zum Meer immer maritime Gefühle. Da muss das Wasser unterm Kiel der unzähligen Sport- und Segelboote gar nicht so stahlblau leuchten wie heute. Das Wasser zieht einen einfach magisch an. Wer zu Beginn der Tour näher ran will, statt nur den Ausblick von der Promenade zu genießen, hat beim Bootsverleih am Hafenbecken einige Möglichkeiten: Auf spontane Ausleihe warten Stand-Up-Paddle-Boards oder Tretboote, mit längerer Planung oder speziellem Führerschein lassen sich auch Sportboote nebst Skipper oder Jetski chartern. (z. B. hai-charter.de)

Dem Radweg am Rhein weiter folgen bis Eltville. Kurz vor dem Bahnhof Eltville geht es über die Straße Weinhohle rechts unter den Gleisen durch, dann links über die Friedrichstraße auf den Radweg Richtung Kiedrich. An der Balduinstraße rechts halten und der Scharfensteinstraße Richtung Weinberg folgen.

KM 15

2 Kiedrich
Spaziergang zwischen Riesling und Fachwerkidyll

Nachdem der Weg durch die Weinberge und die damit verbundenen Sichtungen des Weindorfs Kiedrich einen so lange neugierig gemacht haben, ist aber wirklich ein kleiner Abstecher drin – und das nicht nur, falls man im Supermarkt im Zentrum des Orts nochmal die Wasservorräte auffüllen muss. Neben einer spätgotischen Kirche, einer Doppelkapelle und einem jahrhundertealten Rathaus sind es vor allem die gepflegten Fachwerkhäuser mit bunten Blumenkästen und von Wein bewachsenen Torbögen, die dem Ort seinen besonderen Charme geben. Superlativ gefällig? Kiedrich ist nicht nur eine der schönsten Hanggemeinden im Rheingau, sondern auch die größte.

Der Sonnenlandstraße bis zum Kreisel folgen und an der dritten Abfahrt Richtung Kloster Eberbach. Den Radweg zum Kloster nehmen.

Der Weinort Kiedrich bietet neben traumhaften Ausblicken auch hübsche Fachwerkgassen.

Schon seit rund 800 Jahren dreht sich im Kloster Eberbach viel um das Thema Wein.

KM 18

3 Kloster Eberbach
Durch heilige Hallen wandeln

Der ganze Stolz des Rheingaus an ein und demselben Ort: malerische Weinberge, qualitativ hochwertige Weine, uralte Schätze im Keller und die Tatsache, dass hier sogar Sean Connery schon zu Dreharbeiten zugegen war. Der Film »Der Name der Rose« hat das Kloster auch international bekannt gemacht, was aber nicht bedeutet, dass man beim Spaziergang durch die heiligen Hallen der ehemaligen Zisterzienserabtei nicht auch ganz ruhige Momente in Kreuzgang, Schlafsaal, Garten und Weinkeller erleben kann. Zum Kloster gehören neben einem Souvenirshop mit Vinothek auch ein Restaurant und etwas südlich die Domäne Steinberg, ein Weingut, das seinerzeit ebenfalls von Mönchen bewirtschaftet wurde.

Klostergelände durchs Hauptportal verlassen und Richtung Hattenheim halten. Hinter der Domäne Neuhof links abbiegen und dem Radweg durch die Weinberge folgen.

KM 23

4

Weinprobierstand Hattenheim

Weinprobe vom Fass

Nach so vielen Stunden zwischen Weinbergen ist jetzt, am Rheinufer im Eltviller Stadtteil Hattenheim, auch eine kleine Kostprobe drin. Perfekt dafür geeignet ist der Hattenheimer Weinprobierstand, der dank der großen Weinfässer kaum zu übersehen ist. Betrieben wird er von 13 regionalen Weingütern, die immer abwechselnd ihre Produkte anbieten, und dank zahlreicher Holzbänke und großer Grünflächen bis zum Ufer gibt es auch etliche gemütliche Plätze für ein Picknick. Wer nach einem Wein lieber auf Alkoholfreies umsteigt oder ganz auf Alkohol verzichtet, bekommt auch Traubenschorle oder Softdrinks. (www.weinprobierstand.de)

Dem Leinpfad folgen bis zur Burg Eltville.

Lieblingswein gefunden? Dann geht's jetzt mit vollem Glas ganz nah ran an den Fluss, in dessen Wasser die Sonne glitzert.

Früher lebten Kurfürsten und Erzbischöfe hinter den Mauern der Burg Eltville.

KM 28

5

Eltville

In der Welt der Rosen

Am schönsten ist die Tour, wenn es in jedem Winkel von Burg Eltville grünt und blüht.

Was eine Stadt nicht alles sein kann ... Rosenstadt, Weinstadt, Sektstadt, Nachhaltigkeitsstadt, Gutenbergstadt – und offenbar auch eine der Städte Deutschlands mit den meisten Städtetiteln. Aber warum sollte sich Eltville auch für einen Aspekt entscheiden, wenn es davon doch so viele gibt? Weil man sich von der Wein- und Sektstadt schon auf den letzten Kilometern so herrlich überzeugen konnte, ist jetzt ein Einblick in die Rosenstadt dran, die sich besonders schön zwischen dem Rhein und der kurfürstlichen Burg zeigt, wo zahllose bunte Rosen die historischen Mauern noch ein bisschen hübscher wirken lassen. Der Zugang zur Burg, wo im Rosengarten noch weitere Farbnuancen und Duftnoten warten, ist kostenlos. (www.eltville.de/freizeit-tourismus/erleben-entdecken/sehenswuerdigkeiten/eltville/rosengarten/)

Dem Leinpfad so weit wie möglich folgen, ab Niederwalluf ist der Weg identisch mit dem Hinweg.

KM 37

6 Schloss Biebrich

Ein Hauch von Mittelmeer

Den letzten Stopp des Tages so kurz vorm Ziel übersieht man nicht: die auffällige Farbgebung der Fassade, die sich vom Blau des Himmels abhebt, ausladende Palmen und blühende Oleandersträucher, die vor dem Prachtbau für Farbkleckse sorgen. Und natürlich die wilden Alexandersittiche, die – kaum hat man den Biebricher Schlosspark betreten – die Kontrolle über die Geräuschkulisse übernehmen. Ein bisschen was hat Wiesbaden an Tagen wie diesen von Nizza. Und das lässt sich keinen Kilometer von der Bahn entfernt nun auch richtig genießen: beim langen Spaziergang im Park oder beim Sonnenuntergang am Rheinufer.

Am Kurpark vorbei, oder schiebend mittendurch zurück zum Bahnhof Biebrich.

EXTRA INFOS:

Die Ausblicke zwischen Kloster Eberbach und dem Stadtteil Hattenheim sind wirklich zu schön, um sie nicht noch ein bisschen länger zu genießen. Ein schattiges Plätzchen dafür bieten die Sonnenschirme am Weinausschank Schwarzes Häuschen der ● **Domäne Steinberg** (www.kloster-eberbach.de).

Mit täglich wechselnden Specials, fruchtigen Cocktails, toller Atmosphäre und Rheinblick ist das mexikanische Restaurant ● **Hacienda** der perfekte allerletzte Stopp, bevor es zurück zum Bahnhof Biebrich geht. (hacienda.restaurant)

KM 38,3 » ZIEL

Bahnhof Wiesbaden-Biebrich

Palmen, bunte Blüten und strahlend blauer Himmel, machen den Rhein zum Fernwehstiller.

AUF EINEN BLICK

- **Start/Ziel:** Bahnhof Wiesbaden-Biebrich
- **Strecke:** 38,3 km (Rundtour)
- **Reine Radelzeit:** 3 Std. 30
- **Höhenmeter:** ↗ 164 m ↘ 164 m
- **Wegbeschaffenheit:** Größtenteils asphaltiert. Am Rhein unter schattenspendenden Bäumen, im Weinberg stellenweise extrem sonnig.
- **Beste Zeit:** Ab September, wenn die Hochsommerhitze nachlässt.
- **Ausrüstung:** Proviant für unterwegs, Platz im Rucksack für eine Flasche Wein als Andenken.

Bahnhof Wiesbaden-Biebrich
START & ZIEL
Schlosspark Biebrich
6
Schiersteiner Hafen
1
Restaurant Hacienda
STÖRCHE GUCKEN NICHT VERGESSEN
Hessen
Rheinland-Pfalz
Rhein
Schloss Freudenberg
Himmelreich
Gänsheck
Hoheberg
Klingenwiese
Sauerland
Schipper
Am Klingenweg
Weiden
Schimmerich
Kaltloch
Lach
Element
Kleinau
Johannisfeld
Niederwalluf
Ruh
Boden
Büttelwiese
Simsenwies
Blierweg
SCHIERSTEIN
Gräselborn
Aussicht
Wilhelmshöhe
Gräselberg
Güldenplan
Vierzigmorgen
Krummgewann
Hohenstein
Mühltal
Hosenberg
Mainzer Hohl
BIEBRICH
MAINZ-AMÖNEBURG
NSG
Rettbergsaue
Unterm Hafen
A 643
A 66
A 671
B 260
Kreuzerhof
An der Wegscheid
Am Plaul
Sauarm
Am Zehntfrei
Dreispitz
Am Gemeindewald
An dem Fatzer
Die sechs Morgen
MOMBACH
Pechborn
Der Fahrengrund
Auf dem Krahl
Der Sandbruch
Budenheim
Lange Morgen
Hinterm Reckarsch
Gonsbachterrassen
Eichenwäldchen
Hinterwald
Reckarsch
HARTENBERG-MÜNCHFELD
Am Prall
Bornwald
Lenneberg 176
Ernstborn
Hinter dem Bornwald
GONSENHEIM
Arena im Gonsbachtal
Blauer See
Aliment
Eulenrech
Schloss Waldthausen
NSG Lennebergwald
An der Finther Gemarkung
Am Geiersköpfel
Am Finther Rech
Der Münchwald
Geiersköpfel
Finther Rech
Gonsbach
Hinter dem Münchwald
Weisensand
L 419
Uhlerborn
Am Ohlenborn
A 60
NSG Hollenberg
FINTHEN
Drais
Aubach

DIE RADELPAUSEN

» START
Bahnhof Ginsheim-Gustavsburg

KM 2
1 Volkspark Mainz
Discgolf zum Einstieg

KM 5
2 Mainzer Altstadt
Jede Menge Fachwerkliebe

KM 15
3 Rettbergsaue
Ein neuer Weg zur Inselauszeit

7 HAUPT-STADT-HOPPING

Im Zickzack zwischen Mainz und Wiesbaden

Wo Hessen auf Rheinland-Pfalz trifft, geht's auch für Rhein und Main in schönster Einigkeit weiter Richtung Meer. Dass der Strom sich schonmal an die große weite Welt gewöhnt, dafür sorgen auch die beiden Hauptstädte an seinen Ufern, die auf einem Zickzackkurs besonders hübsch zu erradeln sind.

KM 24

4 Café Maldaner
Jetzt gibt's Kuchen!

KM 25

5 Kochbrunnen
Ein Schlückchen auf die Gesundheit

KM 29

6 Kurpark Wiesbaden
Flanieren zwischen Nizza und Rom

KM 31,2 » ZIEL

Wiesbaden Hauptbahnhof

VON WELT UND DOCH BESCHAULICH

» Die beiden Hauptstädte, die sich an der Grenze zwischen Hessen und Rheinland-Pfalz am Rhein gegenüberliegen, sind sich in vielen Punkten ähnlicher als gedacht. Was sie vor allem verbindet, sind hübsche Radwege am Flussufer. Die führen vorbei an wichtigen Geschichtsorten und immer wieder rein ins städtische Grün, das einen – egal auf welcher Seite des Flusses – den Titel »Hauptstadt« wieder und wieder vergessen lässt.

Die erste von vielen Flussüberquerungen auf der Route liegt noch etwas außerhalb der Stadtgrenzen unweit der S-Bahn-Haltestelle in Gustavsburg. Einen knappen Kilometer weiter westlich mündet der fast niedlich aussehende Main in den Rhein und lässt den stattlichen Stom noch ein wenig beeindruckender wirken. Über den Radweg der Südbrücke geht's erstmals von Hessen nach Rheinland-Pfalz, an unzähligen Liebesschlössern und historischen Brückentürmen vorbei. Vom Ufer aus dann ein Stückchen bergauf in den Mainzer **Volkspark**.

AUGENWEIDE MAL VIER: DIE AUSBLICKE VON DEN BRÜCKEN AUF BEIDE STÄDTE SCHAFFEN WOW-MOMENTE

Zurück am Rhein, gibt eine Eselsbrücke die Richtung nach Wiesbaden vor: Weil treiben lassen angesagt ist, geht's natürlich flussabwärts. Erst zum Kurzabstecher ins Fachwerkparadies der **Mainzer Altstadt**, dann über die nächste Brücke mit tollen Landschaftsblicken wieder auf die andere Seite nach Mainz-Kastel, das ausgerechnet zu Wiesbaden gehört. Was das ganze Verwirrspiel auf die Spitze treibt: Der Ausblick auf Mainz ist von kaum einem Ort schöner als von hier.

Danach kreuzt man den Fluss noch zwei weitere Male, zunächst über die Kaiserbrücke oberhalb der Petersaue, dann über den neuen schwebenden Radweg unterhalb der Schiersteiner Brücke, mit Abstecher auf die naturgeschützte **Rettbergsaue**.

Ein Stück übernimmt statt dem Rhein vom Schlosspark Biebrich aus nun der Mosbach die Führung in Richtung Wiesbadener City. Die versprüht noch heute so richtiges Kurstadtflair des auslaufenden 19. und beginnenden 20. Jahrhunderts: im Kaffeehaus **Maldaner**, am dampfenden **Kochbrunnen** und im riesigen **Kurpark**. «

Jeden Mittwoch und Samstag ist in der Wiesbadener Innenstadt Wochenmarkt.

Historisches Etappenziel: Der Mainzer Dom ist ohne Frage eines der Wahrzeichen der Stadt.

Na ,welche der vielen Brücken gewinnt den Wettbewerb um die schönste Verbindung zwischen den Hauptstädten?

RADELN & GENIEßEN

» START

Bahnhof Ginsheim-Gustavsburg

Vom Bahnhof Gustavsburg immer an den Gleisen entlang und über die Südbrücke nach Mainz.

Echte Discgolf-Spieler setzen je nach Entfernung drei unterschiedlich große Scheiben ein.

KM 2

Volkspark Mainz

1 Discgolf zum Einstieg

Der wohl ausgefallenste Golfplatz im ganzen Rhein-Main-Gebiet? Der Mainzer Volkspark gibt sich zumindest alle Mühe. Wer hier spielt, kommt ganz ohne Schläger aus und kann sich auch ohne Discgolf-Erstausrüstung erstmal mit einem handelsüblichen Frisbee an die in den USA erfundene Sportart herantasten. Überall im Park stechen die Körbe heraus, die es auf Kurz- oder Ferndistanz zu treffen gilt. Schilder, auf denen die Sportart und Regeln erläutert werden, stehen ganz in der Nähe. Und mit Glück trifft man sogar auf erfahrene Spieler, die erste Tipps für den Anfang parat haben.

Dem Radweg am Volkspark vorbei bis zur Göttelmannstraße folgen, hier rechts halten und über die Abtsgasse zurück Richtung Rhein. Dem Radweg am Rhein bis zum Rathaus folgen, dann links Richtung Altstadt.

Mit dem Haus zum Aschaffenberg steht am Kirschgarten eins der ältesten Fachwerkhäuser der Stadt.

Zwischen April und September bringt die Fähre Tamara Fahrgäste auf die Rheininsel.

KM 5

2

Mainzer Altstadt

Jede Menge Fachwerkliebe

Zwischen dem prächtigen Mainzer Dom, dem barocken Landtagsgebäude und steinernen Stadthäusern ist die Mainzer Altstadt nicht nur eine der bevölkerungsreichsten Ecken der rheinland-pfälzischen Landeshauptstadt, sondern auch eine der fotogensten. Also: Kamera zücken und Jagd auf die hübschesten Motive machen. Besonders geeignet, um den Fotorundgang zwischen Rhein und Stadtmauerresten einzuleiten, ist der Kirschgarten mit etlichen bestens gepflegten Fachwerkhäusern. Weitere bunte Altstadtperspektiven bietet der Wochenmarkt am Domplatz, auf dem man sich gleich dreimal die Woche mit Frischem und Leckerem eindecken kann.

Der Schusterstraße folgen bis Große Bleiche. Hier rechts halten und über die Theodor-Heuss-Brücke nach Kastel und weiter flussabwärts am Rhein entlang.

KM 15

3

Rettbergsaue

Ein neuer Weg zur Inselauszeit

Mit Sandstrand und Wanderwegen längs der großflächigen Naturschutzgebiete bietet die Rettbergsaue eigentlich alles, was eine Inselauszeit so ausmacht, und das mitten im Rhein, zwischen zwei Hauptstädten. In den vergangenen Sommern war die Insel ausschließlich mit der Rheinfähre Tamara erreichbar, die immer von April bis September zwischen Biebricher Rheinufer, Inselanlegestellen und Schiersteiner Hafen im Pendeldienst ist. Seit 2023 gibt es auch wieder einen Zugang für Spaziergänger und Radfahrer über die Schiersteiner Brücke.

Entweder mit der Fähre oder über die Schiersteiner Brücke weiter nach Biebrich und über die Veloroute Rhein weiter Richtung Wiesbaden Innenstadt.

Die Fachwerkhäuser in der City machen Mainz ganz bodenständig.

Genau wie in den berühmten Wiener Kaffeehäusern gehören die Maldaner-Rezepte zu den bestgehüteten Geheimnissen Wiesbadens.

KM 24

Café Maldaner

4 Jetzt gibt's Kuchen!

Ob man einen Besuch in dem Wiesbadener Traditionscafé nur als Abstecher in den Kaffee-und-Kuchen-Himmel empfindet oder als faszinierende Reise in eine Zeit, als die Menschen noch Zylinder und Sonnenschirm trugen und draußen Pferdehufe übers Pflaster klapperten: Das Kaffeehaus im Wiener Stil übt eine besondere Anziehungskraft aus. Seit 1859 wird hier gebrüht, gebacken, kunstvoll dekoriert und stilvoll serviert. (www.maldaner1859.de)

Zurück auf die Coulinstraße (Richtung Römertor) und hinter der Biegung links auf den Kranzplatz abbiegen.

KM 25

Kochbrunnen

5 Ein Schlückchen auf die Gesundheit

An der berühmtesten Quelle der Stadt plätschert's nicht nur, es dampft auch ganz gewaltig … Denn das Wasser – über 350 Liter pro Minute –, das aus dem Kochbrunnen an die Oberfläche tritt, kommt tief aus dem Inneren der Erde und hat 66 Grad Celsius. Der beste Anlass, sich mal wieder an Kindheitstage zu erinnern, als man eigentlich schon wusste, dass das mit der Herdplatte eine richtig doofe Idee ist. Ziemlich warm, was da aus der Erde sprudelt … Wer sich traut, kann im Kochbrunnentempel nebenan sogar eine Kostprobe des warmen Wassers schöpfen, das stark salzig schmeckt, aber schon seit Jahrhunderten gegen Hals-, Lungen- oder Muskelbeschwerden getrunken wird. So mancher behauptet auch, ein wenig Schwefel zu riechen. Wenn's hilft …

Weiter der bisherigen Fahrtrichtung folgen und rechts auf die Taunusstraße abbiegen. Dem Straßenverlauf am Kurpark entlang folgen, bis nach links die Tennelbachstraße abbiegt. Hier in entgegengesetzter Richtung in den Kurpark hineinfahren und auf dem Radweg durch die Kuranlagen zurück in die Stadt.

Durch das mineralhaltige Wasser setzen sich jährlich rund sieben Zentimeter Sinter am Kochbrunnen ab.

Die Säulenmonumente am Nizza-Plätzchen stammen noch vom 1904 abgerissenen alten Kurhaus.

EXTRA INFOS:

Noch nicht gefrühstückt? Dann ist vor oder nach der Altstadttour durch Mainz (Stopp 2) die beste Gelegenheit für die Frühstückspause. Mit Bowls, Smoothies und Spiegeleiern sorgt das Frühstück im ● **Café Woods** in Mainz für Farbkleckse im Tag (www.woods-mainz.de).

KM 29

6 Kurpark Wiesbaden

Flanieren zwischen Nizza und Rom

Wie ein Ort gleichzeitig eine Stadt so sehr prägen und verfremden kann wie der Wiesbadener Kurpark? Dank typisch englischem Landschaftsgarten, römisch anmutenden Säulenruinen und dem mediterranen Nizza-Plätzchen ist man im Wiesbadener Kurpark immer ganz weit weg, obwohl man allem, was die Stadt ausmacht und über Jahrhunderte geprägt hat, hier so nah ist wie an kaum einem anderen Ort. Wer das Rad abschließt, kann zwischen Weiher, Kurhaus und Eiskellerhügel auf Entdeckungstour gehen.

Am Warmen Damm vorbei den Radwegen Richtung Wiesbaden Bahnhof folgen.

KM 31,2 » ZIEL

Wiesbaden Hauptbahnhof

Absolutes Muss im weitläufigen Wiesbadener Kurpark: Rad abstellen und zu Fuß ganz nah rangehen.

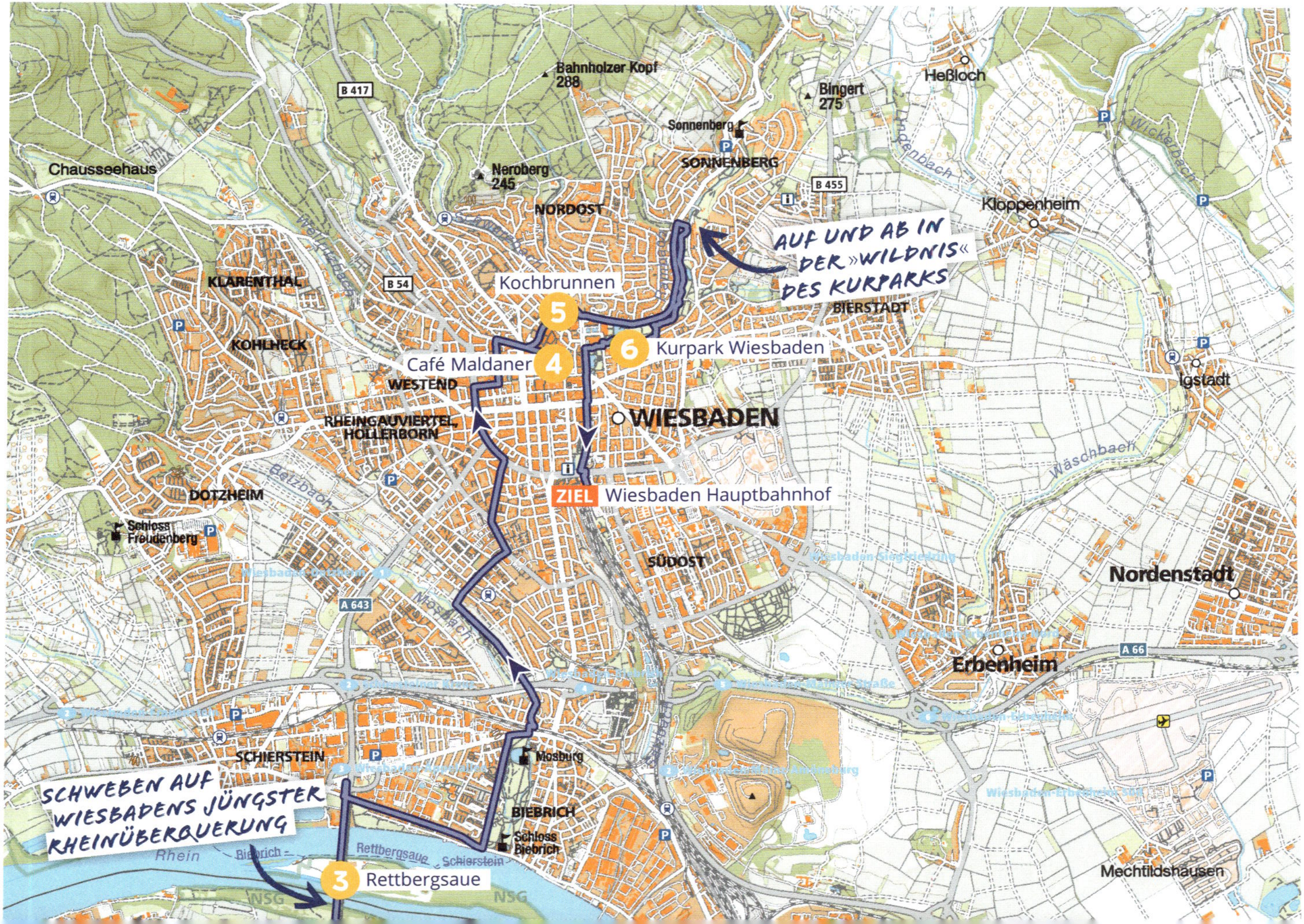

AUF UND AB IN DER »WILDNIS« DES KURPARKS
SCHWEBEN AUF WIESBADENS JÜNGSTER RHEINÜBERQUERUNG
3 Rettbergsaue
4 Café Maldaner
5 Kochbrunnen
6 Kurpark Wiesbaden
ZIEL Wiesbaden Hauptbahnhof
WIESBADEN
Bahnholzer Kopf 288
Bingert 275
Neroberg 245
Sonnenberg
SONNENBERG
NORDOST
Heßloch
Kloppenheim
Igstadt
Nordenstadt
Erbenheim
Mechtildshausen
BIERSTADT
SÜDOST
Chausseehaus
KLARENTHAL
KOHLHECK
WESTEND
RHEINGAUVIERTEL, HOLLERBORN
DOTZHEIM
Schloss Freudenberg
SCHIERSTEIN
Mosburg
BIEBRICH
Schloss Biebrich
Rhein
Biebrich
Rettbergsaue
Schierstein
NSG
Wäschbach
Wickerbach
Lindenbach
Salzbach
B 417
B 455
B 54
A 643
A 66

AUF EINEN BLICK

- » **Start:** Bahnhof Ginsheim-Gustavsburg
- » **Ziel:** Wiesbaden Hbf.
- » **Strecke:** 31,2 km (Streckentour)
- » **Reine Radelzeit:** 2 Std. 45
- » **Höhenmeter:** ↗ 102 m ↘ 78 m
- » **Wegbeschaffenheit:** Größtenteils asphaltierte Radwege.
- » **Beste Zeit:** Ganzjährig.
- » **Ausrüstung:** Frisbee oder Discgolf-Scheiben, Kamera.

DIE RADELPAUSEN

»START
Bahnhof Kelsterbach

KM 5
1 Mönchwaldsee
Karibische Zustände

KM 15
2 Naturschutzgebiet Mönchbruch
In Natur und Geschichten eintauchen

KM 21
3 Dalles-Bäckerei
Verdiente Eispause

8

SOMMER-TAGE-BINGO

Abkühlung rund um Kelsterbach

Der perfekte Sommertag? Braucht neben einer guten Portion Fernweh vor allem Orte zum Abkühlen, schattige Plätzchen und Fahrtwind um die Nase. Und dank kurzer Strecken ist das Bingo-Spiel der Sommerbegriffe auch im Bummelmodus schnell voll.

KM 29

4 Langener Waldsee
Und jetzt abtauchen

KM 48

5 Kelsterbar
Cocktails schlürfen am Main

KM 49,5 » ZIEL

Bahnhof Kelsterbach

ES GIBT TAGE IM SOMMER, ...

» ... die wollen genossen werden! Ausschlafen, ausgiebig in der Sonne frühstücken, hinter einem guten Buch in den Schatten abtauchen, kurz mal zur Abkühlung ins kühle Nass hüpfen, ein Eis hinterher – und dann alles am besten gleich wieder von vorn. Wenn man dann noch ein wenig Fahrtwind und schattige Waldpfade ins Spiel bringt, lässt sich daraus tatsächlich so etwas wie der perfekte Sommertag machen.

Die idealen Bedingungen dafür schafft im Rhein-Main-Gebiet ausgerechnet die Gegend rund um den sechstgrößten Flughafen Europas, der eigentlich ja eher fürs Fernweh zuständig ist. An diesem Tag aber kann man den Fliegern, die hier im Minutentakt abheben, ganz cool hinterherschauen, den Blick zurück auf den Weg richten und schmunzelnd der Gewissheit folgen, dass die Urlaubsmomente auch hier ganz nah sind.

ERFRISCHEND: WENN DIE ZEHENSPITZEN ENDLICH INS KÜHLE WASSER DES BADESEES EINTAUCHEN

Zum Beispiel am leuchtend blauen Wasser des **Mönchwaldsees**, der keine 300 Meter von der nächsten Landebahn als streng naturgeschützte Landschaft einen faszinierenden Kontrast zum wuseligen Flughafentreiben auf der anderen Seite des Radwegs bildet. Während sich immer wieder Gelegenheiten für Blicke hinter die Kulissen bieten, stehlen die Wiesen und Wälder auf der anderen Seite des Zauns den dröhnenden Riesenvögeln glatt die Schau. Durch die weiten Landschaften des **Naturschutzgebiets Mönchbruch** geht es mit **Eispause in Mörfelden** direkt in den nächsten Wald.

Der bietet nicht nur Schatten, sondern auch noch andere willkommene Abkühlung. Bislang waren Seen und Weiher den Wasservögeln, Libellen und Nutrias vorbehalten. Im kleineren Walldorfer Badesee oder dem großen **Langener Waldsee** aber geht's endlich ganz nah ran ans Ufer, und dann mit Anlauf rein ins kühle Nass. Die letzte Teilstrecke führt wieder über Schneisen und Waldpfade, während die Bäume rechts und links des Wegs mit ausladenden Kronen für besten Sonnenschutz sorgen. Raus aus dem Wald geht's erst wieder kurz vor der Kelstermündung, wo in der **Kelsterbar** am Mainufer die letzte Abkühlung des Tages in Cocktailform wartet. Was jetzt noch zu sagen bleibt? »Bingo«, natürlich! «

Der Turm der Herz-Jesu-Kirche in Kelsterbach meldet das nahende Ziel.

Vom Waldrand ist man an diesem Tag selten weit entfernt.

Die umliegende Natur bietet dem Mönchwaldsee und seinen Bewohnern Schutz.

RADELN & GENIEßEN

Trotz überschaubarer Höhe sorgt der Aussichtsturm im Mönchbruch dafür, dass man mittendrin ist in der Natur.

»START

Bahnhof Kelsterbach

Am Bahnhof Kelsterbach der Mörfelder Straße Richtung Zentrum folgen. Nach dem Kreisel rechts halten und vom Alten Mörfelder Weg rechts auf die Regionalparkroute abbiegen.

KM 5

1 **Mönchwaldsee**

Karibische Zustände

Einer der schönsten Seen der ganzen Region hält den Menschen recht deutlich auf Abstand. Mit einem dichten Wäldchen ringsum, das an den meisten Stellen direkt bis zum Ufer reicht, scheint er schon von sich aus sagen zu wollen: »Bis hierhin und nicht weiter.« Den Rest besorgt das strenge Badeverbot der Stadt Kelsterbach. Das gilt zum einen, weil das als Baggersee entstandene Gewässer mit 32 Metern Tiefe und steilen Uferbereichen besonders gefährlich ist, zum anderen ist das Wasser, das keine 300 Meter von der nächsten Start- und Landebahn des Flughafens entfernt liegt, als Naturparadies den Kormoranen und anderen Wasservögeln, Fröschen und Libellen vorbehalten. Es sei ihnen gegönnt! Doch weil das stahlblaue Wasser, das an den Uferbereichen im Sommer ins karibische Türkis ausläuft, der beste Ort ist, vom Meer zu träumen, ist ein Stopp hier zum Gucken, Fotos machen oder für einen kleinen Spaziergang trotzdem absolut lohnenswert.

Der Regionalparkroute weiter folgen und hinter der Autobahn geradeaus Richtung Startbahn West halten.

Abkühlung mit und ohne Sahnehaube: Der Platz im Herzen Mörfeldens ist wie geschaffen für ein schattiges Päuschen.

KM 15

2 Naturschutzgebiet Mönchbruch
In Natur und Geschichten eintauchen

Mit einer bezaubernden Allee, sommergrünen Wiesen, einem kleinen Aussichtsturm und einem herrlich friedlichen Weiher ist der Mönchbruch – tatsächlich das zweitgrößte Naturschutzgebiet in ganz Hessen – der perfekte Gegensatz zur Flughafenwelt, die man gerade hinter sich gelassen hat. Und damit bestens geeignet, um im Schatten dichter Bäume mal wieder so richtig ungestört in ein gutes Buch abzutauchen. Wobei man sich das bei dem herrlichen Naturkino eigentlich auch schenken könnte, denn die Schmetterlinge, Wasservögel und Wildtiere sorgen eigentlich selbst für die nötige Unterhaltung. Wer ein erstes Päuschen braucht, breitet die Picknickdecke aus und wechselt ganz in den Genießermodus.

Am Jagdschloss Mönchbruch die Straße überqueren, dann links dem Radweg nach Mörfelden folgen.

Perspektiven jagen: Am strahlend blauen Wasser des Mönchwaldsees entlang führt ein kleiner Spazierweg.

KM 21

3 Dalles-Bäckerei
Verdiente Eispause

Mitten im Fachwerkidyll des südlichen Teils der Doppelstadt Mörfelden-Walldorf ist fast die Hälfte der Tour geschafft. Also ist eine Pause mit kühlendem Eis, zweitem Frühstück oder einfach nur motivierendem Kaffee in Mörfelden durchaus drin. Schattenplätze dafür gibt's ganz zentral vor Laden und Café der Dalles-Bäckerei, zu der auch eine Eisdiele gehört. Umringt von den historischen Fachwerkhäusern des Ortskerns lässt sich hier sogar im Sitzen Sightseeing absolvieren. Wer weiter in die Geschichte der Region abtauchen mag: Hinterm auffälligen alten Gasthaus Zum Goldenen Apfel liegt das Mörfelder Heimatmuseum. (www.moerfelden-walldorf.de/de/freizeit/kultur/museen/museum-moerfelden; www.dalles-baeckerei.de)

Richtung Bahnhof halten und der Radroute Spargeltour-Ost nach Walldorf folgen. Im Norden der Stadt rechts auf die Aschaffenburger Straße Richtung Badesee Walldorf abbiegen und den Schildern zum Langener Waldsee folgen.

Wenn das »Bingo« voll ist: einfach entspannen, abschalten und das Mainkino genießen.

KM 29

4

Langener Waldsee

Und jetzt abtauchen

Badesachen getrocknet? Dann kann's ja jetzt weitergehen!

Mit gut einem Kilometer hellem Sandstrand und herrlich kühlem Wasser ist der Langener Waldsee praktisch die wichtigste Station des Tages: der perfekte Ort für ein Bad in Sonne und Wasser – was auch immer Körper und Seele gerade am besten tut. Der See ist mit seinen 750 000 Quadratmetern Wasserfläche der größte in der Region. Gegenüber erinnern Kieshaufen daran, dass auch er irgendwann einmal von Menschen geschaffen wurde. Ruhiges Fleckchen gefunden und Strandtuch ausgebreitet? Dann steht der Abkühlung ja außer ein paar Sonnenschirmen nichts mehr im Weg! (www.langen.de/de/strandbad-langener-waldsee.html)

Über die Kleinseeschneise zurück auf die Regionalparkroute Richtung Langen, dann gleich wieder links auf die Wildscheuerschneise abbiegen bis zum Bahnhof Dreieich-Buchschlag. Hier fährt man an den Schienen entlang Richtung Neu-Isenburg und Kelsterbach. Alternativ fahren hier die S-Bahnen 3/4 und 8/9 (Umstieg: Frankfurt Ostendstraße).

EXTRA INFOS:

Wer kein Picknick mitgenommen hat und unterwegs einkehren will: Wenige hundert Meter vom Mönchbruchweiher liegt gegenüber vom Jagdschloss Mönchbruch ein ● **Biergarten**. (www.jagdschloss-moench-bruch.de)

Gemütliche Zweitagesvariante: Wer ein kompaktes Zelt und Luftmatratze griffbereit hat, plant einfach eine Übernachtung auf dem ● **Zeltplatz am Langener Waldsee** ein.

KM 48

5 Kelsterbar

Cocktails schlürfen am Main

KM 49,5 » ZIEL

Kelsterbach Bahnhof

Nach Karibikflair, einem schattigen Plätzchen zum Schmökern, Eiscafé und ein paar Stunden am Strand fehlt zum Bingo eigentlich nur noch eins: ein Strohhalm, durch den ein eiskaltes Getränk Millimeter für Millimeter Richtung Lippen fließt. Ahhhhh, so schmeckt der Sommer! Passend dazu gibt's an der Strandbar in Kelsterbach, die zwar ohne Sand, dafür aber mit Ufernähe zum Main lockt, einen herrlichen Blick auf den Fluss, der in der Sommersonne schimmert, während sich die Hügel des Taunus auf der anderen Uferseite ganz nah anfühlen. (www.kelsterbar.com)

Dem Main ein kurzes Stück flussabwärts folgen, dann links über die Schindkaute zum Bahnhof.

In der Kelsterbar gibt es auch eine nette Auswahl an alkoholfreien Drinks.

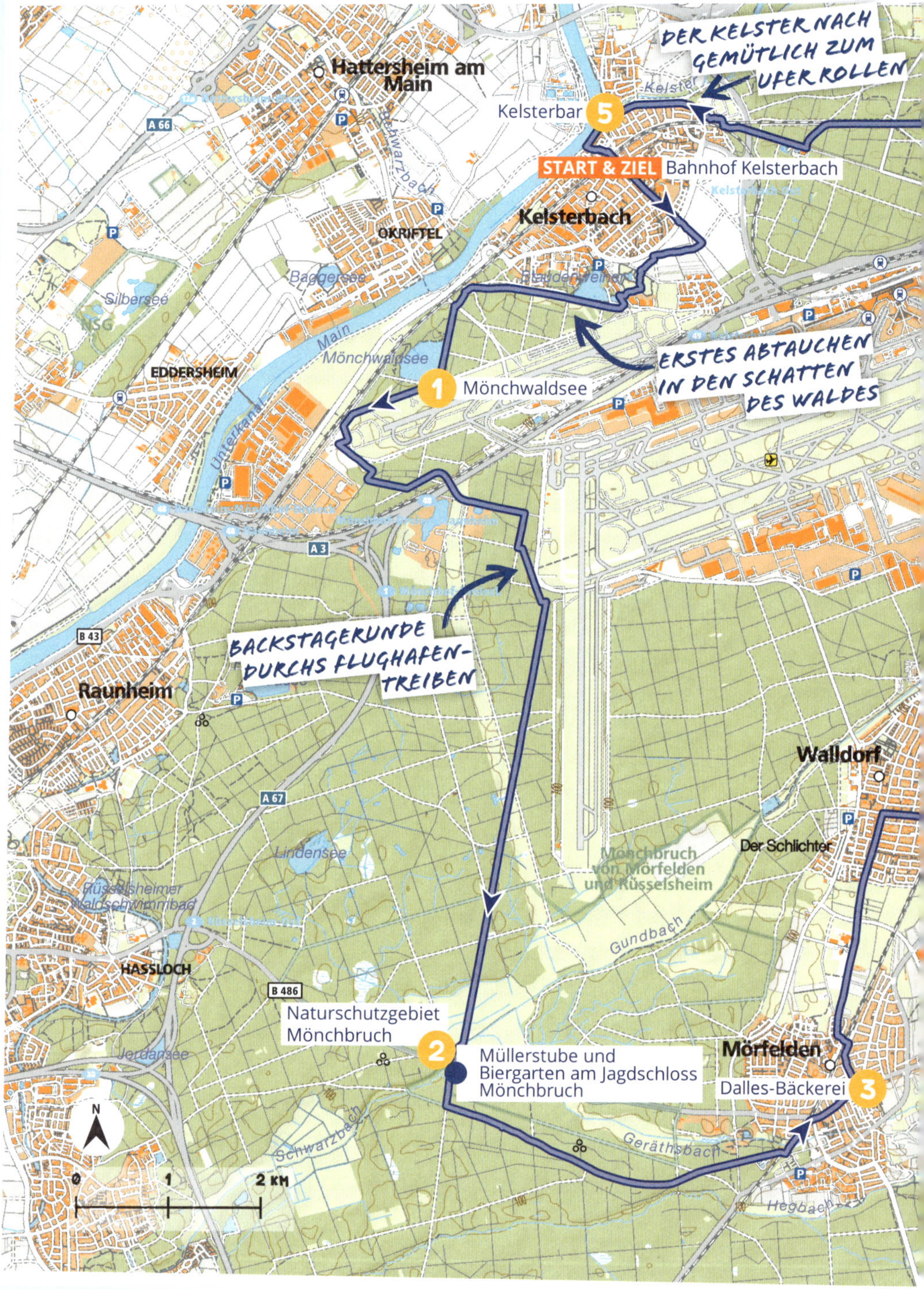

DER KELSTER NACH GEMÜTLICH ZUM UFER ROLLEN
Hattersheim am Main
Kelsterbar
5
START & ZIEL
Bahnhof Kelsterbach
Kelsterbach
OKRIFTEL
Baggersee
Silbersee
NSG
EDDERSHEIM
Main
Mönchwaldsee
1
Mönchwaldsee
ERSTES ABTAUCHEN IN DEN SCHATTEN DES WALDES
Unterkanal
A 66
A 3
B 43
A 67
B 486
BACKSTAGERUNDE DURCHS FLUGHAFEN-TREIBEN
Raunheim
Walldorf
Der Schlichter
Lindensee
Rüsselsheimer Waldschwimmbad
Mönchbruch von Mörfelden und Rüsselsheim
Gundbach
HASSLOCH
Naturschutzgebiet Mönchbruch
2
Müllerstube und Biergarten am Jagdschloss Mönchbruch
Mörfelden
Dalles-Bäckerei
3
Jordansee
Schwarzbach
Geräthsbach
Hegbach
N
0
1
2 KM

AUF EINEN BLICK

» **Start/Ziel:** Kelsterbach Bahnhof
» **Strecke:** 49,5 km (Rundtour)
» **Reine Radelzeit:** 4 Std. 45
» **Höhenmeter:** ↗ 49 m ↘ 49 m
» **Wegbeschaffenheit:** Größtenteils Wald- und Kieswege.
» **Beste Zeit:** Schöne Sommertage.
» **Ausrüstung:** Sonnenschutz! Dazu Buch, Sonnenbrille, Badelatschen, Handtuch und Picknick – und für die ganz entspannte Zweitagesvariante Zelt und Luftmatratze.

DIE RADELPAUSEN

» START
Bahnhof Bad Vilbel-Dortelweil

KM 3
1 Bad Vilbel
Auf Fototour am Burggraben

KM 12
2 Alter Flugplatz Bonames
Radeln übers Rollfeld

KM 19
3 Siedlung Westhausen
Eine Stadt von früher

9 VOM FLÜSSCHEN ZUM FLUSS

Über den Niddaradweg bis zur Mündung

Auf ihrem letzten Drittel durchquert die Nidda – aus der Wetterau kommend – die Stadt Frankfurt. Wir fahren mit, und zwar so, dass man kaum merkt, dass man in der fünftgrößten Stadt Deutschlands ist. Es geht durch Naturschutzgebiete, Parks, renaturierte Flusslandschaften und am Schluss ganz nah ran an die Mündung.

KM 22
4 Rödelheimer Parkanlagen
Buntes Picknick im Grünen

KM 27
5 Wörthspitze
Adieu Flüsschen, Hallo Fluss

KM 29
6 Höchster Altstadt
Außerhalb und mittendrin

KM 30,3 » ZIEL
Bahnhof Höchst

WIE EIN GRÜNER FADEN …

» … zieht sich die Nidda auf ihren etwas über 90 Kilometern Länge durch die hessischen Landschaften. Erst ein Stück durch den Vogelsberg, dann durch die Wetterau, und schließlich durch Parks und Grünflächen, Wohnviertel und Kleingartenanlagen in Frankfurt, wo sie sich schlängelnd auf den Main zubewegt. Immer umgeben von Dutzenden Grüntönen, die sich in ihrem Wasser spiegeln, und die auf den letzten Kilometern vergessen lassen, dass man sich in einer der größten Städte Deutschlands befindet.

Das Landidyll kreieren neben der Nidda selbst weitläufige Parks, kleine Wäldchen, Naturschutzgebiete und am Stadtrand auch Weiden, auf denen Pferde grasen. Die Stadt Bad Vilbel sowie die geschichtsträchtigen Frankfurter Stadtteile Rödelheim und Höchst sorgen dafür, dass zwischen malerischen Landschaften auch einiges an Sightseeing drin ist. Los geht's noch in der Wetterau am S-Bahnhof des nördlichen Bad Vilbeler Stadtteils Dortelweil. Dort ist die Nidda flott erreicht und fungiert ab sofort als Wegweiser, den man kaum einen Moment aus den Augen lässt.

AN DEN RÄNDERN DER STÄDTE ROLLT ES SICH ENTSPANNT DURCH DIE STILLE NATUR

Im Zentrum der Quellenstadt **Bad Vilbel** erinnern etliche Brunnen und Fontänen daran, dass sich hier auch abseits vom Fluss alles ums Wasser dreht. Von dort geht es gemütlich rollend über die Stadtgrenze von Frankfurt. Das zeigt sich entlang der Nidda-Ufer so ruhig und urig, als wäre es das größte Dorf des Landes. Statt auf die Skyline richtet sich der Blick auf die Dächer der nördlichen Stadtteile Berkersheim und Bonames, bevor der Frankfurter Grüngürtel einen auf einen **Alten Flugplatz** ein Stück abseits der Nidda entführt.

Vom Niddaradweg weg lockt neben ganzen drei Freibädern auch noch die denkmalgeschützte Siedlung **Westhausen**, bevor die Strecke durch die **Rödelheimer Parks** einen wieder wie magisch zurück ans Ufer zieht. Von den renaturierten Abschnitten der Nidda in Nied ist die Mündung an der **Wörthspitze** bereits ganz nah. Von hier führt ein hübscher Steg zum Finale der Tour in der **Höchster Altstadt**. «

Das Wasser aus den Quellen und Brunnen der Stadt soll Herz und Kreislauf sowie dem Stoffwechsel auf die Sprünge helfen.

»START

Bahnhof Bad Vilbel-Dortelweil

Kreisstraße Richtung Dortelweil folgen, bis links die Troppauer Straße abzweigt. Rechts auf den Vilbeler Pfad und erneut links über die Königsberger Straße bis zum Niddaradweg. Ab hier flussabwärts.

KM 3

1 Wasserburg Bad Vilbel

Auf Fototour am Burggraben

Es liegt nicht nur an den vielen Quellen, dass sich in Bad Vilbel alles ums Wasser dreht. Auch die Nidda, die mittendurch fließt und an deren Ufer immer mehr hübsche Aufenthaltsorte geschaffen werden, prägt die Stadt. Dazu gibt's die von einem ausladenden Wassergraben umgebene Burgruine, die jeden Sommer zum Theater umgebaut wird. Interessant ist so ein Spaziergang um die Burg, zu zahlreichen Aussichtspunkten, die immer neue Perspektiven bieten, aber auch für Fotofans. Zwischen Skulpturen und Fontänen, historischen Mauern und Stadtansichten bieten sich viele Möglichkeiten, die einwohnerreichste Stadt der Wetterau in Szene zu setzen.

Weiter auf dem Niddaradweg. An der Brücke mit dem Grüngürtel-Tier nach rechts zum Alten Flugplatz abbiegen.

Der Wassergraben der Burg in Bad Vilbel liegt kaum einen Steinwurf von der Nidda entfernt.

KM 12

2 Alter Flugplatz Bonames
Radeln übers Rollfeld

Ungewöhnliche Orte, die die Natur zurückerobert hat, gibt es im Rhein-Main-Gebiet ja wirklich zuhauf. Alte Kiesgruben und Steinbrüche, ehemalige Müllhalden, Industrie- und Militärgelände. Der alte US-Militärflugplatz aber – ganz im Norden Frankfurts zwischen der Nidda und dem etwas abseits gelegenen Stadtteil Bonames – ist trotzdem irgendwie ein Kuriosum. Ein Stück Landebahn und der alte Tower erinnern noch an die frühere Nutzung, dienen heute als beliebte Strecke für die ersten Versuche auf Skateboard, Rollerblades oder Fahrrad, und beheimaten ein Café mit Eisverkauf. Alles außenrum zelebriert die Vielfalt der Wildnis, der man große Teile des Geländes überlassen hat. Die holt sich nun alte Hubschrauberabstellplätze zurück, sorgt auf den Blühwiesen für bunte Farbvielfalt und an einem Teich auf dem Gelände dafür, dass sich Amphibien, Wasservögel und putzige Bisamratten angesiedelt haben.

Zurück auf den Niddradweg. Am Sportplatz der SG Praunheim den Niddaradweg nach rechts verlassen und links auf »Praunheimer Hohl« abbiegen. Hier folgt man Straßenverlauf und Schildern in die Siedlung Westhausen.

Abgehoben hat hier schon lang niemand mehr. Doch hindert das daran, mal auf der alten Startbahn zu testen, wie viel Tempo so drin ist?

KM 19

3 Siedlung Westhausen
Eine Stadt von früher

Zeilenweise uniforme Reihenhäuser, Vordach überm Eingang, Pflanzen daneben, ein kleiner Garten hinterm Haus und eine Gelegenheit zum Wäschetrocknen davor. Drinnen eine Frankfurter Küche: die Vorläuferin heutiger Einbauküchen, die hier erstmals installiert wurde, um wenig Raum ideal zu nutzen. Die Bedürfnisse der Frankfurter Familien der 1920er Jahre bringen die Wohnprojekte des Neuen Frankfurt recht simpel auf den Punkt. Aber egal, was man von den Siedlungen, die unter Stadtplaner Ernst May entstanden sind, halten mag: Ein Spaziergang durch Westhausen kann ein spannender Abstecher in die Geschichte sein. Zumal trotz des Status des Viertels als Kulturdenkmal in den Häusern mit kaum mehr als 50 Quadratmetern Wohnfläche bis heute Menschen leben!

Der Kollwitzstraße weiter folgen und in Richtung der Autobahnbrücke rechts halten. Kurz vor der Nidda links auf die Schenckstraße abbiegen und dem Wegverlauf zurück zum Niddaradweg folgen.

Die bunten zweistöckigen Häuschen der Siedlung Westhausen wirken wie aus der Zeit gefallen.

KM 22

4

Rödelheimer Parkanlagen

Buntes Picknick im Grünen

Wenn schon zwei Parks genau nebeneinanderliegen, nur durch eine einzige Straße getrennt, wäre es ja quasi verschenkt, dort kein Picknick zu machen. Direkt an der Nidda geht es erst durch den Brentano-, dann durch den Solmspark, und damit vorbei an vielen geeigneten Pausenplätzen. Entscheiden kann man sich zwischen dem markanten Pavillon im Brentanopark, der ebenfalls zur Architektur des Neuen Frankfurt zählt, und dem Grundriss des alten Rödelheimer Schlosses im Solmspark, der erst Anfang des Jahrtausends vom Geschichtsverein angelegt wurde. Ein besonders herrliches und abgeschiedenes Picknick-Plätzchen findet sich direkt gegenüber der Schlossmauern unter einer über hundert Jahre alten Hängebuche.

Weiter auf dem Niddaradweg.

Picknick im Solmspark.

Zwischen Brentano- und Solmspark ist das Rauschen am Wehr kaum zu überhören.

Beim Weg über die Nidda zeigt sich die Höchster »Skyline«: Bolongaro-palast, Schlossturm, Justinuskirche.

KM 27

5 Wörthspitze

Adieu Flüsschen, Hallo Fluss

Auf der Wörthspitze gab es bis Anfang der 1980er Jahren einen kleinen Hafen in Höchst.

Je weiter man sich dem Zusammenfluss von Nidda und Main nähert, desto schmaler wird der Weg – das Rad stellt man deswegen am besten ein Stück weiter vorne ab, folgt dann zu Fuß dem Trampelpfad ganz nach vorn an der Wörthspitze, wo man beide Seiten der Mündung bestens im Blick hat. 90 Kilometer hat die Nidda seit ihrer Quelle zurückgelegt, ein gutes Drittel hat man bis hierher begleitet: Ein wenig rührselig macht es ja schon, sie hier zu verabschieden. Weiter hinten an der Wörthspitze – etwa auf Höhe der Niddabrücke, die nun weiter in den Stadtteil Höchst führt, liegen noch hübsche Perspektiven, auf Höchster Schloss und Bolongaropalast, die sich lohnen, eingefangen zu werden.

Wörthspitze über den schmalen Steg Richtung Höchster Mainufer verlassen und den Radweg am Fluss bis zur Justinuskirche folgen. Hier geht es dann rechts Richtung Schlossplatz und Altstadt.

KM 29

6

Höchster Altstadt

Außerhalb und mittendrin

So stolz die Frankfurter:innen auf ihre neue Altstadt ja sein mögen: Mit Höchst können die Neubauten in der Innenstadt nicht mithalten. Das mag an der Dichte an Fachwerkhäusern liegen, am beeindruckenden Schloss oder am gepflasterten Platz davor mit seinen geselligen Biergärten. Vielleicht auch an der im Jahr 850 fertiggestellten Justinuskirche, die nicht nur locker die älteste Kirche der Stadt ist, sondern auch eine der ältesten des Landes. Und so gibt es in Höchst nicht nur für Geschichtsbegeisterte Neues zu entdecken, sondern auch für all die, die sich einfach immer wieder gern von der Stadt und ihren gefühlt tausend unterschiedlichen Gesichtern überraschen lassen.

Marktplatz überqueren und links auf die Luciusstraße. An der Leunastraße rechts Richtung Bahnhof halten.

EXTRA INFOS:

Mittagspause mit Blick auf die Nidda gefällig? Dann ist die Terrasse des stilvollen ● **Restaurants Mondnacht** in Bad Vilbel das ideale Sonnenplätzchen. Aufs gegenüberliegende Ufer des Flusses führt der Schützenhofsteg.

Bei so viel Wasser kommt der Wunsch nach einer Abkühlung auf? In den Frankfurter Stadtteilen Eschersheim und Hausen liegen die ● **Freibäder** praktischerweise nur wenige Meter vom Radweg entfernt.

Wer für die Pause in den Rödelheimer Parks kein Picknick vorbereitet hat, muss nur zwischen Brentano- und Solmspark rechts auf die Reichsburgstraße einbiegen und findet sich vor einer der legendären ● **Confiserien** der Stadt wieder. (facebook.com/confiseriegraff)

KM 30,3 » ZIEL

Bahnhof Höchst

Trotz Eingemeindung 1928 hat die einst selbstständige Stadt Höchst ihren Sonderstatus nie ganz abgelegt.

AUF EINEN BLICK

- **Start:** Bad Vilbel-Dortelweil
- **Ziel:** Bahnhof Frankfurt-Höchst
- **Strecke:** 30,3 km
- **Reine Radelzeit:** 2 Std. 30 (Streckentour)
- **Höhenmeter:** ↗17 m ↘35 m
- **Wegbeschaffenheit:** Asphalt- und Kieswege.
- **Beste Zeit:** Wenn im Frühjahr am Alten Flugplatz die Natur erwacht.
- **Ausrüstung:** Leere Flasche für eine Kostprobe Vilbeler Heilwasser. Picknick oder Kuchengabeln für den unterwegs gekauften Proviant. Badesachen fürs Freibad.

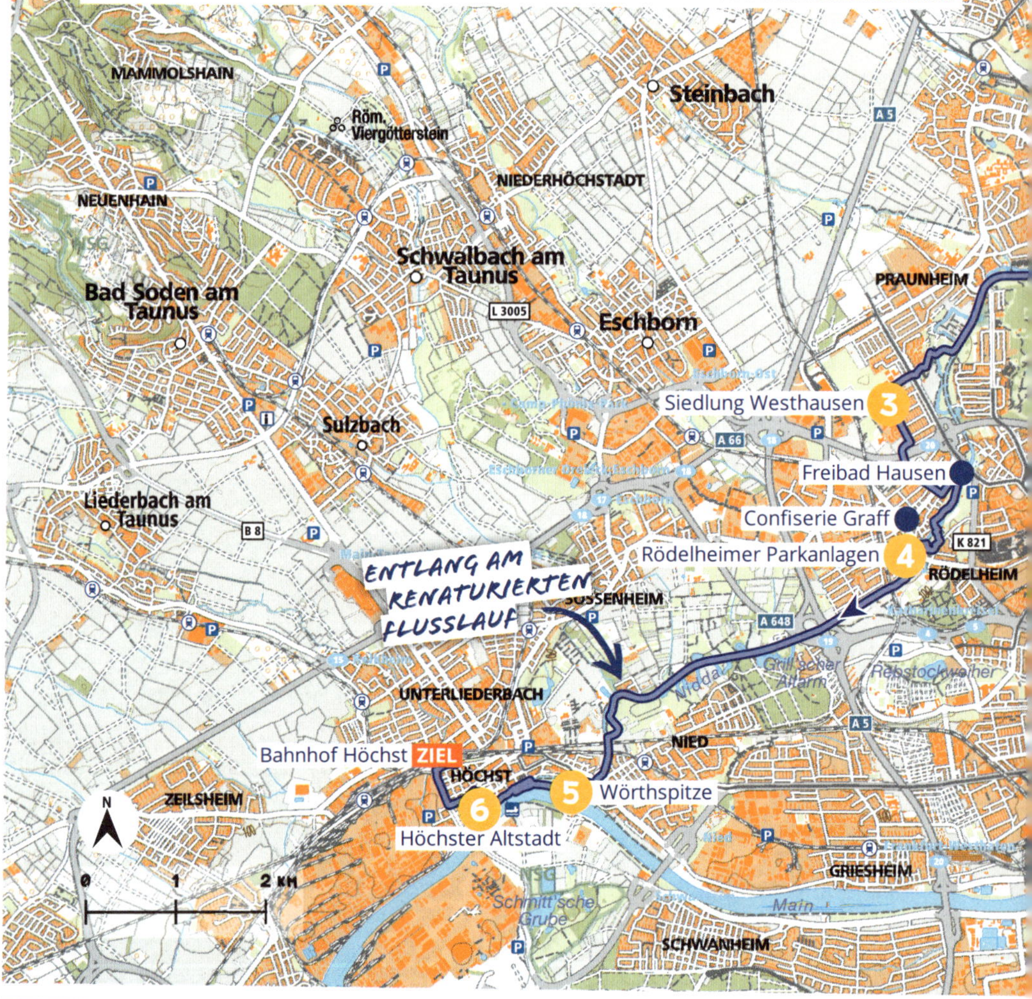

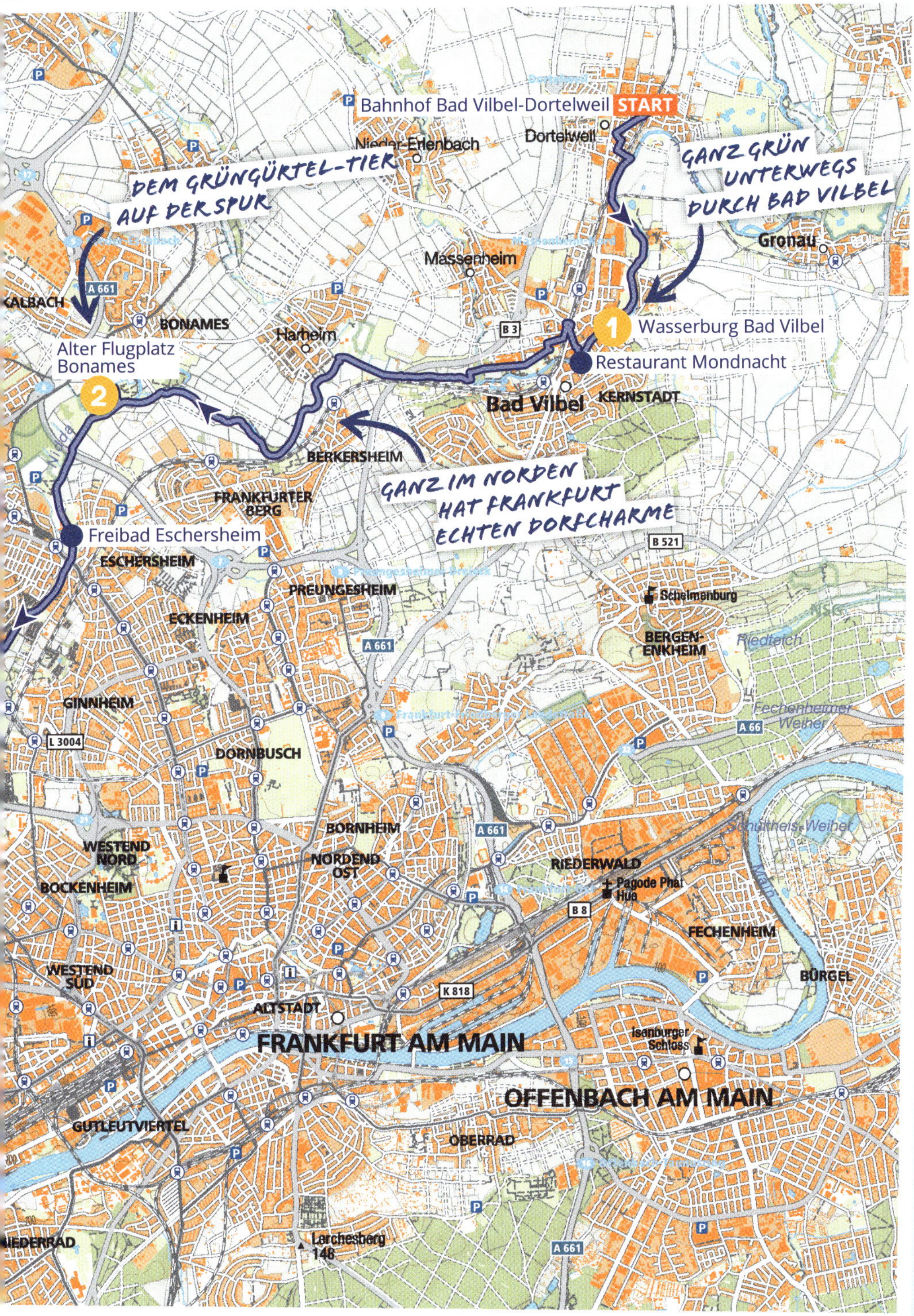

Bahnhof Bad Vilbel-Dortelweil
START
Dortelweil
Nieder-Erlenbach
DEM GRÜNGÜRTEL-TIER AUF DER SPUR
GANZ GRÜN UNTERWEGS DURCH BAD VILBEL
Gronau
Massenheim
KALBACH
A 661
BONAMES
Harheim
B 3
1
Wasserburg Bad Vilbel
Restaurant Mondnacht
Alter Flugplatz Bonames
2
Bad Vilbel
KERNSTADT
BERKERSHEIM
GANZ IM NORDEN HAT FRANKFURT ECHTEN DORFCHARME
FRANKFURTER BERG
Freibad Eschersheim
B 521
ESCHERSHEIM
PREUNGESHEIM
ECKENHEIM
Schelmenburg
BERGEN-ENKHEIM
Riedteich
A 661
GINNHEIM
L 3004
DORNBUSCH
Fechenheimer Weiher
A 66
Main
BORNHEIM
A 661
Schultheis-Weiher
WESTEND NORD
NORDEND OST
RIEDERWALD
BOCKENHEIM
Pagode Phat Hue
B 8
FECHENHEIM
WESTEND SÜD
BÜRGEL
K 818
ALTSTADT
FRANKFURT AM MAIN
Isenburger Schloss
OFFENBACH AM MAIN
GUTLEUTVIERTEL
OBERRAD
NIEDERRAD
Lerchesberg 148
A 661

DIE RADELPAUSEN

» START
Bahnhof Eschborn

KM 2
1 Arboretum Main-Taunus
Botanische Weltreise

KM 9
2 Maislabyrinth Liederbach
Orientierung für Fortgeschrittene

KM 14
3 Hofheim
Buntes Fachwerk

10

DIE WELT IN KLEIN

Zu Füßen des Taunus zwischen Eschborn und Hofheim

Während Fahrradtouren im Hochtaunus gern zur Fitnessprobe mutieren, fallen Routen durch den Main-Taunus-Kreis auch schon mal ganz gemütlich aus. Mit Taunusblick geht's vorbei an Feldern und Weiden und über ruhige Radwege durch ein Arboretum.

KM 18

4 Tropica Kriftel

Kaffee-Date im Dschungel

KM 27

5 Nothelferkapelle Sossenheim

Überraschendes Fotomodell

KM 34,5 » ZIEL

Bahnhof Eschborn

DIE UNTERSCHIEDE ZWISCHEN STADT- UND LANDLEBEN?

» Können selbst in der so geschäftigen Metropolregion Rhein-Main relativ fließend sein. Eben noch in der vollen Pendlerbahn in die Stadt gesessen, die so viele internationale Unternehmen anzieht wie kein anderer Standort in Deutschland, steht man plötzlich mit seinem Rad mittendrin im Feld. Landwirtschaft, so weit das Auge reicht, dahinter die Hügel des Taunus auf der einen, die Türme der Großstadt auf der anderen Seite … Und dazwischen die Stille des Augenblicks, Grillenzirpen, Vogelgezwitscher, ab und an ein Rascheln im Feld.

Das Schöne an der Tour, die zu Füßen des Mittelgebirges zwischen Eschborn, Hofheim und der Frankfurter Stadtgrenze durch die Landschaft des Vordertaunus führt: Ohne auf herrliche Taunusblicke verzichten zu müssen, geht es den längsten Teil der Strecke durch flache Landschaft. Da rollt das Rad dank der bestens ausgebauten Radwege im Naturpark Rhein-Main gefühlt immer wieder wie von selbst.

IM VORBEIROLLEN AN DEN KUHWEIDEN STEIGT FRISCHE LANDLUFT IN DIE NASE

Los geht's im Städtchen Eschborn, wo sich nur wenige hundert Meter hinterm Bahnhof im **Arboretum Main-Taunus** zwischen Gingkos, Mammutbäumen und Magnolien die ganze Vielfalt der Botanik vor einem auftut. Quasi um die Ecke dieser großen weiten Welt weiden am Weg Richtung Sulzbach Kühe: An Milchautomaten und kleineren Hofständen an der Strecke kann man sich gleich mit Proviant und Frischem für zu Hause eindecken.

Hinter Liederbach geht's dann mittenrein ins Landidyll und durch ein großes Portal ins **Maislabyrinth**, danach als Kontrastprogramm in die Fachwerk-Altstadt **Hofheims**. Hier verspricht ein kühler Kanal auf dem Marktplatz Abkühlung für müde Füße. Der entspannt vor sich hin plätschernde Schwarzbach führt von Hofheim in die Nachbarstadt Kriftel, wo sich ein Abstecher ins Dschungel-Café der **Gärtnerei Tropica** lohnt, bevor es immer am Stadtrand von Frankfurt entlang, vorbei an der fotogenen **Nothelferkapelle**, noch einmal quer durchs Arboretum, zurück nach Eschborn geht. «

Auf der Radroute zwischen Opelzoo und Zoo Frankfurt lohnt es sich immer wieder genau hinzuschauen.

Im Arboretum in Eschborn wechseln sich Sonne und Schatten ab.

Unweit der Weiden, auf denen Kühe grasen, kann man am Milchautomaten frische Landmilch kaufen.

RADELN & GENIEßEN

»START

Bahnhof Eschborn

Vom Bahnhof startet die Tour über die Sulzbacher Straße immer geradeaus ins Arboretum.

Trotz der vielen Radwege im Arboretum Rhein-Main lohnt sich auch eine Runde zu Fuß.

KM 2

1 Arboretum Main-Taunus

Botanische Weltreise

Dank der Nähe von pazifischen Douglasienwäldern, Mammutbäumen und subalpinen Nadelwäldern dauert so eine Weltreise im Arboretum Main-Taunus im Südwesten von Eschborn kaum mehr als eine Stunde. 600 Baum- und Pflanzenarten aus Nordamerika, Asien und Europa sorgen dafür, dass sich in dem 76 Hektar großen Baumpark zumindest die nördliche Hemisphäre ganz gut erkunden lässt. Eben noch durch nordamerikanische Auen- und Sumpfwälder spaziert, steht man auch schon – ganz ohne lästigen Aufstieg – in den Bergen Kaliforniens. Wobei das fehlende Wellenrauschen am Pazifik dann eben doch die Fantasie ausgleichen muss ... Dennoch ist der Spaziergang über schattige Waldwege und weite Lichtungen ein idealer Start in den Tag, das Rad schließt man dafür am besten am Ausgang Richtung Sulzbach an.

Der Regionalpark-Rundroute durch Sulzbach bis Oberliederbach folgen. Am Ortseingang der Sulzbacher Straße auf die Bahnstraße folgen und weiter geradeaus Richtung Feld.

Die Schaukel am Eingang des Maislabyrinths Liederbach ist eher für Kinder. Der Spaß, der dahinter liegt, für Jung und Alt.

Hofheim ist nicht nur wegen seines Fachwerks ein schöner Ort zum Pause machen.

REGENSCHUTZ FÜR OPTIMISTEN

KM 9

2

Maislabyrinth Liederbach

Orientierung für Fortgeschrittene

Vorweg: Rausgekommen ist aus dem Irrgarten, den die Betreiber Jahr für Jahr auf kreative Art ins Maisfeld zaubern, noch jeder. Fragt sich eben nur, ob mit Selbstachtung durch den tatsächlichen Ausgang oder zerknirscht vorbei an dem Wegweiser, auf dem in großen Buchstaben die Worte »Walk of Shame« geschrieben stehen. So oder so, ums Verirren geht es ja schließlich, und das macht in netter Gesellschaft ja sogar Spaß. Gemeinsam taucht man ein, lässt den Traumblick auf die Frankfurter Skyline erstmal einen Moment hinter sich. Wer es gern besonders knifflig hat, lässt sich einen der Stempelbögen geben, für den man alle versteckten Stationen auf 35 000 Quadratmetern finden muss. Die Belohnung gibt's an den Ess- und Getränkeständen hinterm Ausgang. (www.maislabyrinth-liederbach.de)

Dem Feldweg weiter folgen, bis Radwegschilder in die Hofheimer Altstadt leiten.

KM 14

3

Hofheim

Buntes Fachwerk

Der Himmel voller bunter Regenschirme, feines Fachwerk entlang schmaler gepflasterter Straßen, und immer wieder Fundstücke wie die englische Telefonzelle, die allein dank ihrer Farbe mühelos auf den offenen Bücherschrank aufmerksam macht, der sich in ihr verbirgt. Das Städtchen Hofheim am Taunus versteht etwas von Selbstinszenierung. Und das so charmant und unaufdringlich, dass man es einfach ins Herz schließen muss. Sehenswert sind neben den Altstadtstraßen auch die grünen Pfade am Schwarzbach und das Wasserschloss. Ganz in der Nähe, am Platz zwischen Burggrabenstraße und Untertor, liegt vor dem Restaurant Zum Türmchen Pfannkuchenduft in der Luft, der für Mittagshunger sorgt. Gefüllte Pfannkuchen gehören hier nämlich zu den Spezialitäten des Hauses. (www.zum-tuermchen-hofheim.de)

Den Radwegen am Schwarzbach bis Kriftel folgen und kurz vor der Autobahn links halten zur Straße Am Holzweg.

Die Nothelferkapelle fällt erst kaum auf und fasziniert dann mit Details.

KM 18

4

Tropica Kriftel

Kaffee-Date im Dschungel

Das Gartencenter-Café ist einer der grünsten Kaffeespots der Region.

An anderen Orten, da gibt es Cafés und es gibt Gartencenter, manchmal das eine oder das andere, und in Kriftel liegt das nächste Café mitten im Dschungel. Mitten auf der großen Verkaufsfläche des auf tropische Raritäten spezialisierten Pflanzencenters Tropica liegt ein Café, das nicht nur unschlagbar günstig Frühstück anbietet, sondern auch guten Kaffee, direkt vor einer wild umwucherten Wand, an der zwischen riesigen Monstera-Blättern auch etliche kleinere Arten in allerlei Grüntönen emporranken. Wer Platz im Fahrradkorb hat, dreht noch eine Runde durch die Ausstellung und kauft sich ein Stück Dschungel für zu Hause. (www.tropica-kriftel.de)

Zurück Richtung Autobahn und nach links zurück auf den Radweg Richtung Zeilsheim und Höchst.

KLOPF KLOPF! NIEMAND DA?

EXTRA INFOS:

Noch entspannter wird die Tour, wenn man in Hofheim im ● **Vital Hotel** in direkter Nachbarschaft zur Rhein-Main-Therme ein Päuschen für Spa und Übernachtung einlegt. Zur Therme geht's von hier mit Direktzugang.

KM 34,5 » ZIEL

Bahnhof Eschborn

KM 27

5 **Nothelferkapelle Sossenheim**

Überraschendes Fotomodell

Für die süße Kapelle, die sich als Motiv für Hobbyfotograf:innen eignet, muss man bei der Durchfahrt durch Alt-Sossenheim die Augen weit offen halten. Sonst könnte es sein, dass man die Nothelferkapelle glatt übersieht. Wobei der Kirchenbau so ungewöhnlich und irgendwie fehl am Platz wirkt, dass er trotz seiner geringen Größe und der versteckten Lage hinter Bäumen irgendwie hervorsticht. Für 6400 Mark wurde die Kapelle laut Angaben des Fördervereins, der sich um ihren Erhalt kümmert, Ende des 19. Jahrhunderts hier in den Ortskern des erst rund 50 Jahre später eingemeindeten Stadtteils gebaut.

Dem Radweg an der Kurmainzer Straße weiter folgen und hinterm Gasthaus zum Löwen links auf die Lindenscheidstraße abbiegen. Ab hier führt der Sulzbach zurück in Richtung Arboretum und Bahnhof Eschborn.

Die kleine Kapelle in Sossenheim entstand in nur wenigen Wochen Bauzeit.

AUF EINEN BLICK

- **Start/Ziel:** Eschborn Bahnhof
- **Strecke:** 34,5 km (Rundtour)
- **Reine Radelzeit:** 3 Std.
- **Höhenmeter:** ↗ 96 m ↘ 96 m
- **Wegbeschaffenheit:** Asphalt und Feldwege. Teilstrecken führen durch Gebiete mit wenig Schatten – daher: Sonnenschutz nicht vergessen.
- **Beste Zeit:** Leicht bewölkte Hochsommertage, dann ist es im Maislabyrinth besonders schön.
- **Ausrüstung:** Sonnencreme und Mütze, vielleicht auch Badesachen für einen Stopp in der Rhein-Main-Therme.

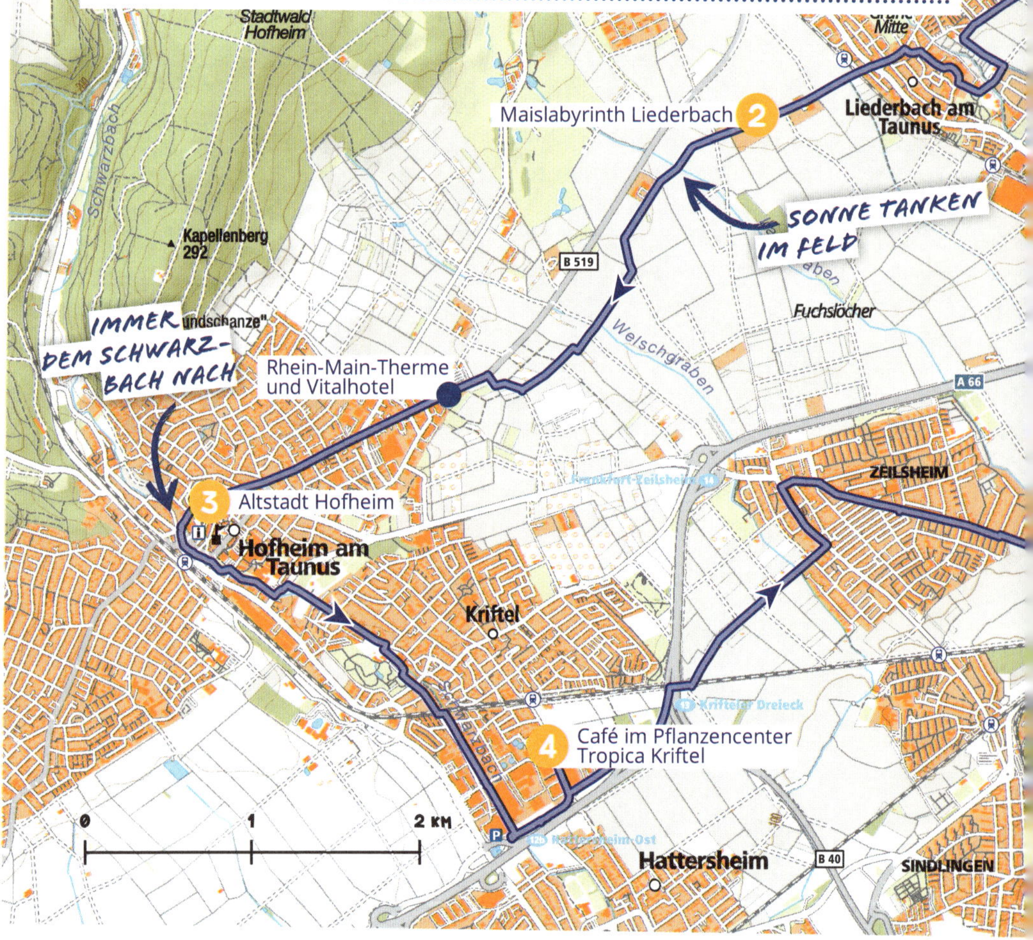

Wilhelms-Platz
Eichwald
Schwalbach am Taunus
Bad Soden am Taunus
Westerbach
L 3005
Schwalbach
Bahnhof Eschborn
START & ZIEL
Sulzbach
Eschborn
Arboretum Main-Taunus
1
B 8
Sulzbach
LANDLUFT IM SCHATTEN DER CITY
AUSSCHAU HALTEN NACH ZOOTIEREN
Liederbach
A 66
SOSSENHEIM
UNTERLIEDERBACH
5
A 648
Nothelferkapelle Sossenheim
Nidda
HÖCHST
Bolongaropalast
Niedwald
NIED
Main
Alte Schwanheimer Schleuse
FRANKFURT AM MAIN
B40a
B 40
Schmitt'sche Grube
NSG

DIE RADELPAUSEN

» START
Bahnhof Usingen

KM 9
1 Überm Usatal
Den Blick genießen

KM 12
2 Alter Steinbruch
Am ersten Picknickspot im Tal

KM 22
3 Kurpark Bad Nauheim
Minikur direkt am Ufer

11

IMMER DEM RAUSCHEN NACH

Auf dem Usatalradweg vom Taunus in die Wetterau

Obwohl die Buchstaben U, S und A sonst immer für große weite Welt und Abenteuer stehen, dreht ein Fluss zwischen Taunus und Wetterau den Spieß einfach mal um. Die Usa steht für herrliche Landschaften, ruhige Radwege und entspannte Momente. Auf einen berühmten Amerikaner muss man dennoch nicht verzichten.

KM 23
4 Gradierbau II
Chillen im Strandkorb

KM 26
5 Burg Friedberg
Die Stadt in der Stadt

KM 31,5 » ZIEL
Friedberg Bahnhof

DAS WICHTIGSTE TEIL AM FAHRRAD?

»Na, die Bremse natürlich! Vor allem, wenn der Tag im Taunus starten soll und in der Wetterau enden. Aus dem Hügelpanorama des Mittelgebirges führen von Blumen gesäumte Wege auf Waldpfade und schließlich in die grünen Streuobstwiesen der Wetterau.

Die Hauptattraktion der Route, die am Usinger Bahnhof beginnt, ist von Anfang bis Ende jedoch das Flüsschen Usa, das sich – genau wie der Radweg – seinen Weg bergab vom Taunus in die Wetterau bahnt. Zu Beginn muss noch einige Male kurz gestrampelt werden, schließlich sind die ersten **Ausblicke auf die Usa** von oben mit felsigen Steilhängen im Rücken ganz besonders hübsch. Danach geht's größtenteils stetig bergab und immer näher ran an den Fluss, der im richtigen Licht fast silbrig schimmert und auch am beständigen Rauschen erkennbar ist.

AM GRADIERBAU PLÄTSCHERT DAS SOLEWASSER HERAB UND SORGT FÜR EINEN HAUCH VON MEERESLUFT

In der Wetterau angekommen, sorgen andere lauschige Fleckchen für die nötige Ablenkung. Ein **ehemaliger Steinbruch**, in dem Naturschützer:innen jährlich ein Trockenrasenbiotop zum Blühen bringen, eine uralte, als Naturdenkmal gekennzeichnete Winterlinde, die als eine Art grüner Saal am Wegesrand perfekten Schatten spendet, und saftige Wiesen, auf denen Obstbäume stehen.

Über ruhige Nebenstraßen geht es nach Bad Nauheim und hier direkt zum Spaziergang in die nächste grüne Oase, den großen **Kurpark**. Unterwegs zu den etwas südlich gelegenen **Gradierbauten** lohnt es sich, die Augen für eine kleine Schatzsuche offenzuhalten: Bad Nauheim erinnert mit Denkmälern, Ampelmännchen und vielen anderen Fundstücken gerne daran, dass hier 1958 bis 1960 mit Elvis Presley während seiner Zeit bei der US-Army Bad Nauheims wohl berühmtester Zugezogener lebte.

Jetzt sind es nur noch wenige Meter an der Usa entlang, bis der Adolfsturm, das Wahrzeichen der **Friedberger Burg**, erstmals hinter Bäumen und Gärten hervorlugt. Vor der Burg geht es im kleineren Gang etwas bergauf, dann im Rollmodus unterm Rosentalviadukt hindurch. Die Usa, treue Begleiterin des Tages, mündet nicht weit von hier in die Wetter.«

Den ersten Teil des Wegs begleiten neben dem rauschen Fluss auch Felsen.

Einfach rollen lassen: Einige der 300 Höhenmeter bergab sorgen für richtig schönen Fahrtwind.

Begrüßungskomitee in der Wetterau: Streuobstwiesen soweit das Auge reicht.

RADELN & GENIEẞEN

Bei den kurzen Bergetappen gibt die Usa den Takt vor: Immer gemächlich voran.

»START
Bahnhof Usingen

Vom Bahnhof Usingen ein Stück der Bahnhofstraße Richtung Zentrum folgen, dann rechts in die Blücherstraße abbiegen. Am Westerfelder Weg erneut rechts, am Kreisel geradeaus und am Schleichenbach nach links dem ausgeschilderten Usaradweg folgen.

KM 9

1

Überm Usatal

Den Blick genießen

Fast ein bisschen wild kommt die Usa bei den ersten paar Begegnungen daher, wie sie sich einige Meter unterhalb des Wegs hinter einer Böschung rauschend und plätschernd Richtung Tal arbeitet. Da lohnt es sich gerade nach den ersten Kilometern, die doch immer mal wieder etwas bergauf führen, abzusteigen, das Fahrrad mal kurz abzustellen und durchs Dickicht einen Blick auf den Fluss zu erhaschen. Der windet sich immer mal wieder, als wolle er seine Zeit im Taunus noch ein bisschen verlängern. Genießen! Bald beginnt der Abfahrtsteil der Strecke, und man ist vor lauter Rollen versucht, den Taunus einfach gedankenverloren vorbeiziehen zu lassen.

Weiter auf dem Usaradweg.

Auf dem großen Kurteich kann man im Sommer Tretboote ausleihen.

KM 12

2

Alter Steinbruch

Am ersten Picknickspot im Tal

Haben sich die Rastplätze zwischen Usingen und den ersten Wiesen am Rand der Wetterau bislang recht rargemacht, kommen nun Möglichkeiten am laufenden Band. Der erste brauchbare Picknickspot ist eine gemütliche Bank bei einigen Baumstämmen vor einem alten Steinbruch, der seit einigen Jahren im Sommer als buntes Trockenrasenbiotop angelegt und gepflegt wird. Direkt gegenüber liegen weite Wiesen, wo auf den kommenden paar hundert Metern immer mehr Obstbäume wachsen. Auf der anderen Seite des Wegs stehen – noch ein Stück weiter – Sitzbänke im Schatten einer als Naturdenkmal gekennzeichneten Winterlinde.

Weiter in bisheriger Fahrtrichtung auf dem Usaradweg bis zu den Fahrradständern gegenüber dem Kurparkeingang an der Frankfurter Straße.

Der kleine Steinbruch kommt als Picknickplätzchen gerade recht.

KM 22

3

Kurpark Bad Nauheim

Minikur direkt am Ufer

Wie die Pläne für den berühmten Frankfurter Palmengarten stammen auch die zum Bad Nauheimer Kurpark aus der Feder des Landschaftsarchitekten Heinrich Siesmeyer. Ein Garant dafür, dass sich eigentlich alle paar Meter ein besonders schöner Blickwinkel offenbart oder eine botanische Rarität findet. Und auch hier ist die Usa, die am Rand des Kurparks entlangplätschert und immer wieder von Brücken überspannt wird, stets dabei. Am gegenüberliegenden Ufer lohnt sich ein Abstecher zum historischen Sprudelhof, der von jahrhundertealter Kurtradition erzählt. Um die Ecke wartet im gemütlichen Schweizer Milchhäuschen (www.schweizer-milchhaus.de) Stärkung in Form von Kaffee und einer riesigen Kuchenauswahl. Wer bei den ganzen Abfahrten auf der Strecke noch nicht genug vom Strampeln hatte, der kann sich vor Verlassen des Parks ja noch eins der Tretboote auf dem großen See ausleihen, bevor es für die finalen Etappen zurück aufs Rad geht.

Den Radwegen an der Usa entlang weiter folgen.

KM 23

4

Gradierbau II

Chillen im Strandkorb

In Bad Nauheim wurde einmal an über 20 Gradierbauten Salz gewonnen.

Ach, wie schön ist es doch, am Meer zu sitzen, am rauschenden Wasser, und die Meeresluft einzuatmen, die es nur hier gibt und nirgendwo anders … Moooment! Da hat der Strandkorb im Gesundheitsgarten direkt vor Gradierbau II doch wohl etwas zu doll zum Träumen verleitet, aber was will man auch machen, wenn ein Ort solche Illusionen schafft? Dass das funktioniert, dafür sorgt Sole – also salzhaltiges Wasser – das an den mächtigen Bauten, von denen es in Bad Nauheim ganze fünf Stück gibt, herabtropft. Über die Zeit bilden sich Salzkristalle, und quasi als Nebeneffekt eine sanfte Meeresbrise, die die Luft nicht nur angenehm kühl macht, sondern bei geschlossenen Augen das Gefühl gibt, von der Usa direkt ans Meer gehüpft zu sein. Wer Zeit hat und schon lang nicht mehr zum Lesen kam, verlängert den Tag am Meer mit einem guten Buch. Wer lieber Action mag, legt nebenan auf den Fitness- und Balancier-Stationen des Gesundheitsgartens eine kleine Trainingseinheit ein.

Dem Radweg Richtung Friedberg folgen. Vor der Burg rechts halten und dem Anstieg Richtung Innenstadt und Burg folgen. Ein Fahrradständer befindet sich hinter der Einfahrt zur Burg.

Gutes Buch dabei? Dann nichts wie rein in den Strandkorb.

KM 26

5 Burg Friedberg

Die Stadt in der Stadt

Das, was die Friedberger als Burg bezeichnen, das nennen Leute an anderen Orten Stadt. Zwischen mächtigen Festungsmauern stehen Häuser, eine Kirche und sogar ein ganzes Gymnasium und machen die Höhenburg damit zu einer der größten historischen Anlagen ihrer Art. Was heißen soll: Ein ausgiebiger Streifzug lohnt sich. Rings um den Burggraben liegen etliche tolle Aussichtspunkte, während im Burggarten und auch im Innenbereich der Burg eine bunte Blütenpracht ins Hier und Jetzt zurückholt. Noch nicht genug Eindrücke getankt? An den Nachmittagen der Wochenenden hat der Adolfsturm geöffnet und verspricht ein unvergleichliches 360-Grad-Panorama. (www.burg-friedberg.info)

Hinter dem Burggraben nach links auf die Sandgasse und erneut links an der Alten Bahnhofsstraße. Dann rechts halten durchs Rosentalviadukt und parallel zur historischen Brücke links auf den Radweg durchs Feld. Der Usa folgen bis Dorheimer Straße, dann rechts abbiegen und den Schildern zum Bahnhof nachfahren.

KM 31,5 » ZIEL

Friedberg Bahnhof

Schon seit 1347 ist der Adolfsturm ein Wahrzeichen Friedbergs.

Im grünen Burggraben lassen sich immer wieder schöne Ausblicke auf Friedberg und die Landschaften ringsum jagen.

AUF EINEN BLICK

- » **Start:** Bahnhof Usingen
- » **Ziel:** Bahnhof Friedberg
- » **Strecke:** 31,5 km (Streckentour)
- » **Reine Radelzeit:** 3 Std
- » **Höhenmeter:** ↗ 37 m ↘ 188 m
- » **Wegbeschaffenheit:** Größtenteils Asphalt, vereinzelt Waldwege.
- » **Beste Zeit:** Wenn die Wetterau im Sommer nach reifen Früchten duftet.
- » **Ausrüstung:** Picknick für unterwegs, Sonnenschutz, gutes Buch für die Pause im Strandkorb.

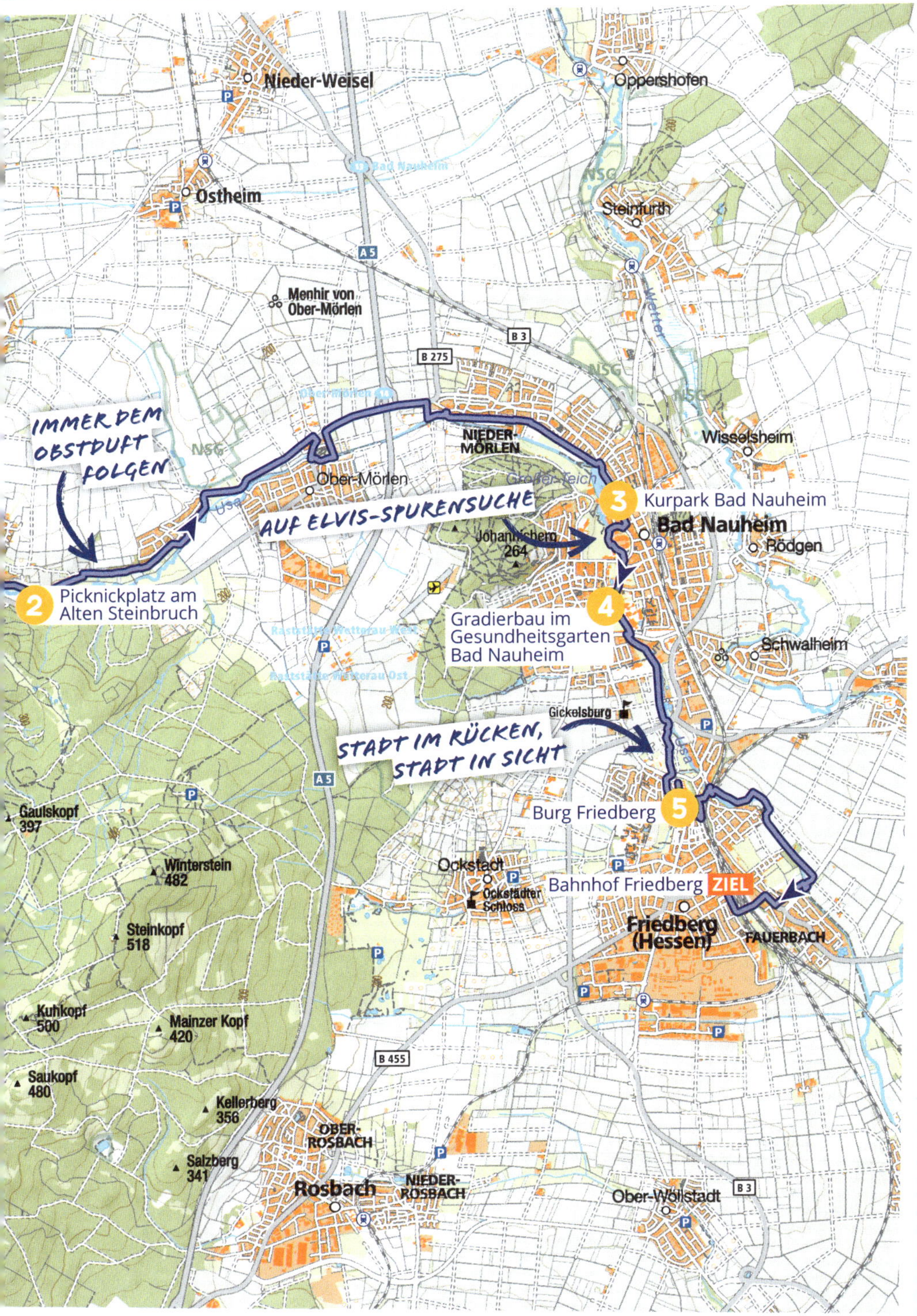

Nieder-Weisel
Oppershofen
Ostheim
Steinfurth
Menhir von Ober-Mörlen
B 3
B 275
A 5
NIEDER-MÖRLEN
Wisselsheim
IMMER DEM OBSTDUFT FOLGEN
Ober-Mörlen
Großer Teich
3 Kurpark Bad Nauheim
AUF ELVIS-SPURENSUCHE
Bad Nauheim
Rödgen
Johannisberg 264
2 Picknickplatz am Alten Steinbruch
4 Gradierbau im Gesundheitsgarten Bad Nauheim
Schwalheim
Gickelsburg
STADT IM RÜCKEN, STADT IN SICHT
Gaulskopf 397
Burg Friedberg 5
Winterstein 482
Ockstadt
Ockstädter Schloss
Bahnhof Friedberg ZIEL
Steinkopf 518
Friedberg (Hessen)
FAUERBACH
Kuhkopf 500
Mainzer Kopf 420
B 455
Saukopf 480
Kellerberg 356
OBER-ROSBACH
Salzberg 341
Rosbach
NIEDER-ROSBACH
Ober-Wöllstadt

DIE RADELPAUSEN

» START
Groß-Gerau Dornheim

KM 7
1 Riedsee
Frühstück mit Südsee-Blick

KM 13
2 Schwedensäule
Ein großes Stück Geschichte

KM 21
3 Apfel-Lehrpfad Kühkopf
Apfelbaum-Quartett

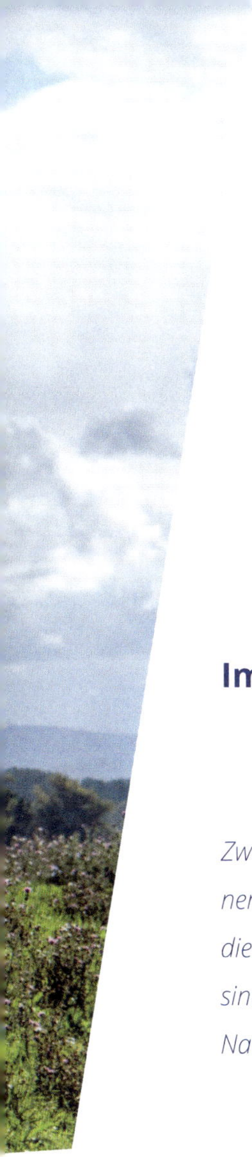

12

REIF FÜR DIE INSEL

Im Ried zwischen Groß-Gerau und Stockstadt

Zwischen dem stolzen Rhein und den Städten und Dörfern längs seiner Ufer liegt vielerorts eine ganz besondere Welt. Eine, in der durch die Rheinbegradigung ganze Flussarme zu Naturparadiesen geworden sind. Einer der schönsten Altrhein-Orte liegt mitten in Hessens größtem Naturschutzgebiet.

KM 26
4 Rheinufer
Zwischen Neugier und Fernweh

KM 32
5 Schatzinsel Kühkopf
Das Smartphone als Ranger

KM 45,6 » ZIEL
Groß-Gerau Dornheim

WAS EINE INSEL AUSMACHT?

» Na, im besten Fall frischer Wind um die Nase und von allen Seiten Wasser. Im Fall der Kühkopf-Insel im hessischen Ried ist das zwar nicht das Meer, der Rhein gibt sich aber alle Mühe … Mit der nördlich gelegenen Knoblochsaue bildet das Eiland sogar Hessens größtes Naturschutzgebiet – und das bedeutet, dass hier die Natur zwischen Wildnis und sorgsam sortierten Apfelbaum-Arten so einiges an Entdeckungen bereithält.

Erholung setzt spätestens am versteckt gelegenen südlichen **Riedsee** ein, den man über von Holundersträuchern und Feldern gesäumte Wege erreicht. Dahinter geht es durch Sonnenblumenfelder zum vielleicht kuriosesten Ort der Tour, an dem die kaum übersehbaren Antennen der Weltraum-Messstelle zwischen Rübenfeldern und Strohballen aus dem Boden ragen.

OBEN AM DEICH PUSTET EINEM SO RICHTIG DER WIND UM DIE NASE

Hier geht es auch schon rauf auf den ersten Deich. Die Nähe zum Rhein schickt Inselgefühle in Form von Gegenwind. Den Ausblick auf die sonnige Bergstraße kann das hier oben aber nicht verderben, sondern allenfalls noch hübscher wirken lassen.

Im Süden der Knoblochsaue wechselt der Untergrund von gemütlichem Asphalt für einige Meter zu Pflaster, das einen nach der Zeitreise an der **Schwedensäule** ins Hier und Jetzt zurückruckelt. Dann geht's wieder auf den Deich und vorbei an einem Yachthafen weiter Richtung Erfelden, wo eine schmale Brücke auf den Kühkopf führt.

Endlich auf der Insel angekommen, radelt man durch urwaldartige Landschaften zu sonnenverwöhnten **Apfelbäumen** und durch kleine Waldstücke erst zum **Rheinufer**, dann zum **Infozentrum Schatzinsel**. Wer es hier nicht allzu eilig hat, wird vielleicht damit belohnt, dass er auf einer der weiten Wiesenflächen ein Reh zu Gesicht bekommt und das scheue Tier einen unbezahlbaren Moment lang aus der Ferne beobachten kann. «

Unweit des Dornheimer Bahnhofs erinnern Skulpturen an die Zeit des Gänsehirten.

Der Weg zur Kühkopf-Fähre führt durch einen Wald.

Die Brücken zur Insel bieten immer wieder bezaubernde Fotospots.

RADELN & GENIEẞEN

Die Schwedensäule umrahmen viele Picknickplätzchen.

»START

Groß-Gerau Dornheim

Der Dornheimer Bahnhofsstraße in Richtung Leeheim folgen und dort vorm alten Friedhof links Richtung Ostring. Über die Schulstraße dann links auf die Erfelder Straße und wieder rechts auf die Schusterwörthstraße bis zum See.

Hinter Holundersträuchern und Uferpflanzen verbirgt sich der Südsee.

KM 7

1 Riedsee

Frühstück mit Südsee-Blick

Das eine Wort, das so ziemlich bei jedem Urlaubsgefühle auslöst? Versuchen wir's mal mit »Südsee«. Der südliche Teil des Riedsees bei Leeheim trägt genau diesen Namen und ist damit der perfekte Ort für eine kleine Frühstückspause. Während der nördliche Teil des Sees der Naherholung gewidmet und als Badesee freigegeben ist, hat man sich am Südteil ganz dem Naturschutz verschrieben, so dass man schon manchmal ein wenig um die Ecke schielen muss, um das blaue Wasser hinter Schilf und Dickicht funkeln zu sehen. Dafür beobachtet und hört man zahllose Vogelarten, für die das Ufer die perfekten Lebensbedingungen bietet.

Dem Radweg weiter folgen und links auf den Deich abbiegen. Der Radwegbeschilderung weiter folgen, bis in einer Schneise im Wald die Säule sichtbar wird.

An der Spitze der Schwedensäule steht das schwedische Wappentier.

KM 21

3 Apfel-Lehrpfad Kühkopf

Apfelbaum-Quartett

Wo so manche Insel mit der Fruchtbarkeit ihrer Böden zu kämpfen hat, sprießen auf dem Kühkopf gute 2000 Obstbäume und verströmen, wenn die Früchte langsam reif werden, einen herrlichen Duft. Ein besonders eindrucksvoller Ort, um zu Fuß auf Erkundungstour zu gehen, ist der Apfel-Lehrpfad. Dort wird mit mehreren Schautafeln so anschaulich erklärt, was die über 30 Apfelsorten, die hier wachsen, so besonders macht, dass man daraus glatt ein Obstquartett entwickeln könnte. Unterwegs stehen immer wieder Bänke im Schatten von Bäumen, auf denen man mit Blick auf die Wiesen ein Päuschen einlegen kann.

Immer weiter geradeaus fahren.

KM 13

2 Schwedensäule

Ein großes Stück Geschichte

Der Beweis dafür, dass es sich selbst bei den flottesten Radwegen auf sattgrünen Waldstrecken lohnen kann, sich nach links und rechts umzusehen? Die Tatsache, dass man den Abzweig über den kerzengeraden, schmalen Weg hier rechts gerade fast übersehen hätte. Und was steht den bitteschön da vorne im Wald? Ein Obelisk? Fast! Das historische Denkmal, das seit knapp 400 Jahren an die Rheinüberquerung der Schweden im Dreißigjährigen Krieg erinnern soll, ist eine stattliche Erscheinung. Eine Infotafel erzählt seine Geschichte – was für richtig lehrreiche Momente sorgt.

Zurück auf den Radweg und der Beschilderung bis zur Brücke auf den Kühkopf folgen.

Zu jeder Apfelsorte wird auf dem Lehrpfad eine kleine Geschichte erzählt.

Während man unterwegs zum Ufer noch fast allein war, herrscht auf der Wasserstraße reger Verkehr.

KM 26

4 Am Rheinufer

Zwischen Neugier und Fernweh

Puzzlesteine der Natur. Am Rheinufer haben Ausflügler Steinmännchen gebaut.

Voll was los hier! Auf einer der meistbefahrenen Wasserstraßen der Welt herrscht selbst hier am Rand des Naturschutzgebiets mit hunderten Schiffen, die täglich passieren, reger Verkehr. Tanker und Cargoschiffe, mit Container oder ohne, immer mal wieder ein großes Passagierschiff oder ein Sportboot, das mit ordentlich Tempo für kräftige Wellen sorgt. Zu beobachten gibt's hier, am Rheinufer am Ende der Insel angekommen, eine Riesenmenge. Wer neugierig ist und fantasievoll, lädt sich am besten vorher eine App zum Tracken von Schiffen aufs Smartphone, lässt sich die Start- und Zielhäfen der Pötte anzeigen und malt sich aus, was die Besatzungen wohl unterwegs zum nächsten Ziel noch alles erleben werden.

Den gleichen Weg zurück nehmen und an der Kreuzung hinterm Apfel-Lehrpfad rechts halten.

LAND IN SICHT!

EXTRA INFOS:

Wer neben Naturerlebnissen auch noch einen Kultur-Abstecher integrieren will, fährt die Tour zwischen Donnerstag und Sonntag, wenn nachmittags das ● **Büchnerhaus** geöffnet ist. Im Geburtshaus des Dramatikers Georg Büchner in Riedstadt-Goddelau ist ein Museum wie ein Bühnenbild im Theater inszeniert. (www.buechner-findetstatt.de/büchnerhaus)

KM 32

5 Schatzinsel Kühkopf

Das Smartphone als Ranger

KM 45,6 » ZIEL

Groß-Gerau Dornheim

Ein weiterer Grund, mitten in den malerischen Naturpanoramen des Altrheins das Smartphone zu zücken, sind die lehrreichen Stationen des Auen-Erlebnispfads rund ums Informationszentrum Schatzinsel. In der dazugehörigen »Draußen im Fluss«-App, die man sich herunterladen kann, dreht sich alles um die Flora und Fauna der Insel, um die natürlichen Kreisläufe und darum, was eigentlich der Mensch mit all dem zu tun hat. Zu den Inhalten geht's an verschiedenen Stationen per QR-Code. Bei einem dazugehörenden Quiz kann man das Dazugelernte gleich praktisch anwenden – und obwohl die App hauptsächlich für Familien mit Kindern konzipiert ist, kommen auch Erwachsene auf ihre Kosten.

Über die Brücke zurück aufs »Festland«. Ab hier entweder Radwegschildern über Philippshospital und Goddelau zurück nach Dornheim folgen, oder Tour abkürzen und am Bahnhof Stockstadt in die Bahn steigen.

Ein Insektenhotel unweit der Schatzinsel erklärt die Rolle der Artenvielfalt.

AUF EINEN BLICK

- **Start:** Dornheim
- **Ziel:** Dornheim (Abkürzung: Bahnhof Stockstadt)
- **Strecke:** 45,6 km (Rundtour), bei Abkürzung: ca. 33 km (Streckentour)
- **Reine Radelzeit:** 4 Std. 15 (Abkürzung: 3 Std. 30)
- **Höhenmeter:** ↗ 7 m ↘ 7 m
- **Wegbeschaffenheit:** Asphalt-, Kies- und Waldwege, stellenweise gepflastert.
- **Beste Zeit:** Wenn ab Ende Juni die Sonnenblumen blühen.
- **Ausrüstung:** Picknick für unterwegs, Fernglas oder Kamera für Naturbeobachtungen.

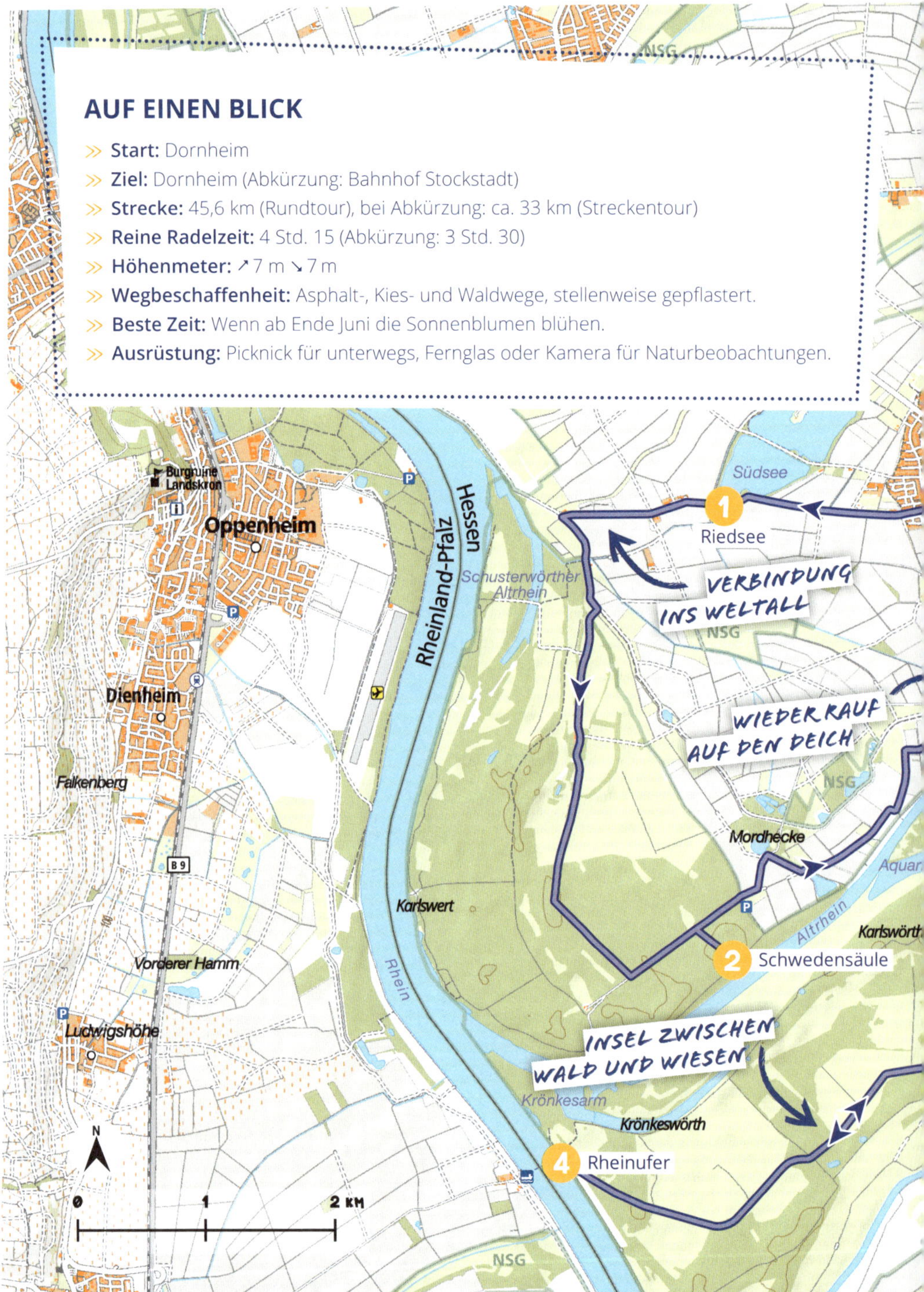

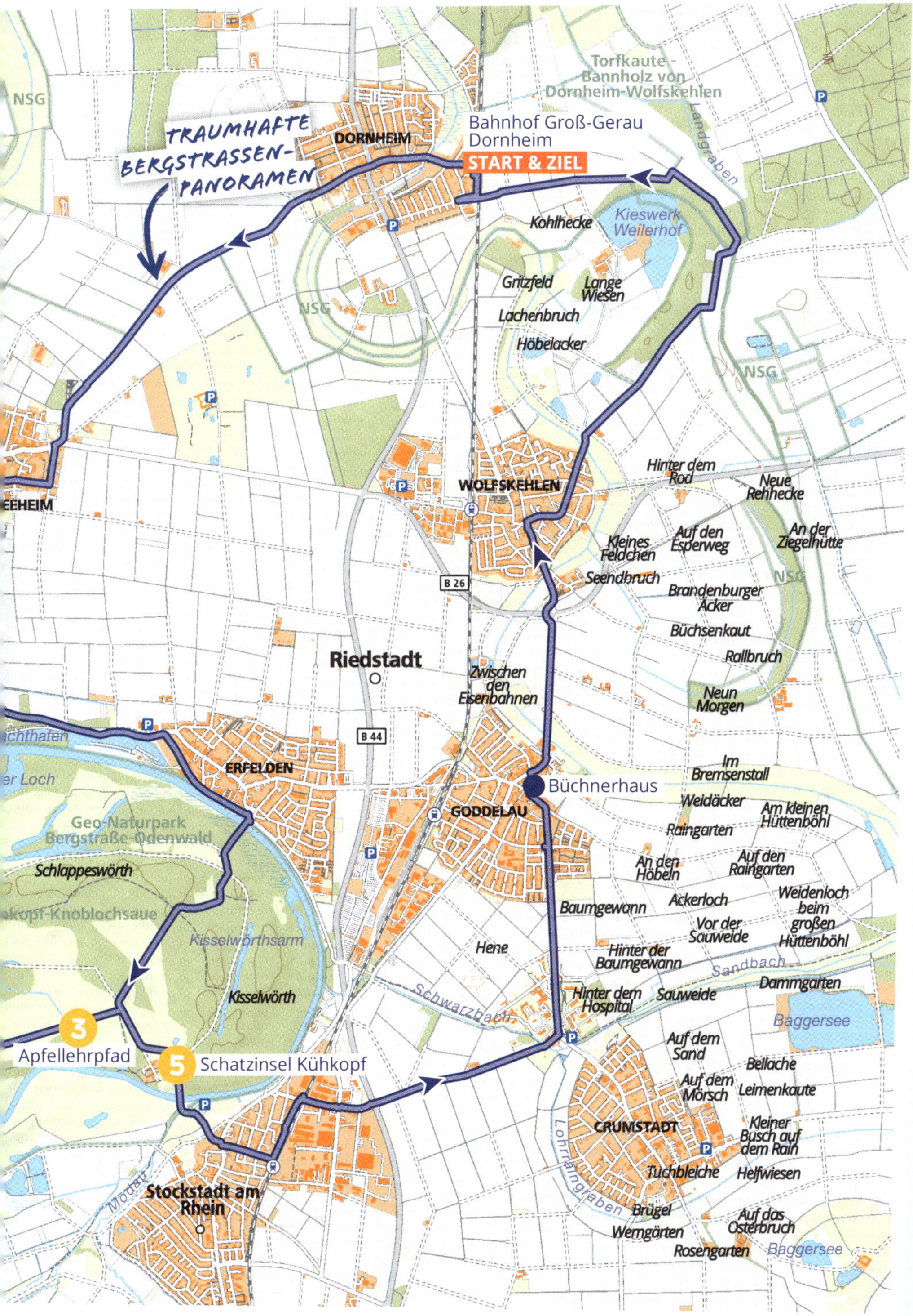

Torfkaute - Bannholz von Dornheim-Wolfskehlen
NSG
TRAUMHAFTE BERGSTRASSEN-PANORAMEN
DORNHEIM
Bahnhof Groß-Gerau Dornheim
START & ZIEL
Landgraben
Kieswerk Weilerhof
Kohlhecke
Gritzfeld
Lange Wiesen
Lachenbruch
Höbelacker
NSG
NSG
WOLFSKEHLEN
Hinter dem Rod
Neue Rehhecke
EEHEIM
Kleines Feldchen
Auf den Esperweg
An der Ziegelhütte
B 26
Seendbruch
NSG
Brandenburger Äcker
Büchsenkaut
Rallbruch
Riedstadt
Zwischen den Eisenbahnen
Neun Morgen
B 44
chthafen
ERFELDEN
Im Bremsenstall
er Loch
Büchnerhaus
Weidäcker
GODDELAU
Am kleinen Hüttenböhl
Geo-Naturpark Bergstraße-Odenwald
Raingarten
An den Höbeln
Auf den Raingarten
Schlappeswörth
Ackerloch
Weidenloch beim großen Hüttenböhl
Baumgewann
kopf-Knoblochsaue
Vor der Sauweide
Kisselwörthsarm
Hene
Hinter der Baumgewann
Sandbach
Dammgarten
Kisselwörth
Schwarzbach
Hinter dem Hospital
Sauweide
Baggersee
3
Apfellehrpfad
Auf dem Sand
5
Schatzinsel Kühkopf
Bellache
Auf dem Mörsch
Leimenkaute
CRUMSTADT
Kleiner Busch auf dem Rain
Tuchbleiche
Helfwiesen
Modau
Stockstadt am Rhein
Lohrraingraben
Brügel
Auf das Osterbruch
Werngärten
Rosengarten
Baggersee

DIE RADELPAUSEN

»START
Frankfurt Westbahnhof

KM 3
1 Botanischer Garten
Ab in die Welt der Pflanzen

KM 7
2 Bethmannpark
Denksport unter freiem Himmel

KM 10
3 Apfelwein Solzer
Frankfurt schmecken

13

REIN IN DEN CITY-DSCHUNGEL

Durchs grüne Frankfurt

Wer glaubt, Frankfurt sei nur Bankenstadt und Skyline, Verkehrschaos und Shoppingtrubel, den hat die Stadt mächtig getäuscht. Den Gegenbeweis mitten in der City schaffen die bestens ausgebauten Radrouten zwischen Parks und Kleingärten, Feldern und Grünstreifen.

KM 15
4 Hafenpark
Grünes Fitnessstudio der Stadt

KM 20
5 Nox Wasserhäuschen
Auf 'ne Limo oder ein Bierchen

KM 23
6 Alte Oper
Vielseitiges Schmuckstück

KM 26 » ZIEL
Frankfurt Westbahnhof

HIER NACH PARIS, DA NACH NEW YORK

» Wenn man am Frankfurter Westbahnhof aus der S-Bahn steigt und sich beim Weg auf die Straße neugierig die Wandbemalung ansieht, man könnte fast meinen, die große weite Welt beginnt direkt hinter Bockenheim. Dabei zeigt sich gerade hier, dass in Frankfurt zwischen geschäftig und beschaulich nicht viel mehr als ein Fingerschnippen liegt. Wer am Bahnhof aufs Rad steigt, braucht gerade einmal ein paar hundert Meter ins Grüne, und hangelt sich dann über breite Radwege und ruhige Nebenstraßen von einem schönen Fleckchen zum anderen.

FERNWEHSTILLER: WENN MAN IM CHINESISCHEN GARTEN IM BETHMANNPARK KURZ VERGISST, WO MAN IST

Den Anfang machen die Kleingärten zwischen Bockenheim, Hausen und Ginnheim, die am Sportzentrum der Uni vorbei direkt in einen der größten Parks der Stadt führen. Der Grüneburgpark, zu dem auch der **Botanische Garten** gehört, eignet sich perfekt, um die Citystraßen links liegen zu lassen und die Skyline trotzdem immer im Blick zu behalten. Über ein winziges Stück Stadtverkehr geht's direkt weiter in den Anlagenring mit seinen Teichen, Gärten und Spielplätzen bis zum **Bethmannpark**.

Gleich um die Ecke zeigt Frankfurt dann direkt wieder ein anderes Gesicht, wenn Bornheim, einer der urigsten Frankfurter Stadtteile, zwischen alternativen Ladenzeilen, stadtbekannten **Apfelweinwirtschaften** und schmalen Sträßchen demonstriert, warum es den Spitznamen »lustiges Dorf« trägt. Am Bornheimer Hang geht's über den Ostpark runter zum Main, wo der **Hafenpark** im Schatten der EZB über das Gestern und Heute der Stadt erzählt.

Auf der anderen Mainseite führt ein kleiner Abstecher dahin, wo die Felder und Gewächshäuser des Gärtnerstadtteils Oberrad direkt am Main für den Duft von Kräutern und frischem Gemüse sorgen. Durch hochherrschaftliche Altbauviertel in Sachsenhausen geht's zurück an den Main, über den Holbeinsteg drüber weg, und vorbei an der **Alten Oper** zurück nach Bockenheim. Nicht ohne vorher noch einer der klassischsten Formen der Frankfurter Außengastronomie, dem guten alten **Wasserhäuschen,** einen Besuch abzustatten. Denn das gehört zu einem Tag, den man in Frankfurt draußen verbringt, einfach dazu. «

RADELN & GENIEẞEN

Im gesamten Botanischen Garten haben Schilder nützliche Informationen zu den Pflanzen parat.

»START

Frankfurt Westbahnhof

Den Westbahnhof am Haupteingang verlassen und links der Straße immer den Gleisen folgen.

KM 3

1

Botanischer Garten

Ab in die Welt der Pflanzen

Mit dichten Wäldern, verspielt mäandernden Flüsschen mit Trittsteinen und schmalen Brücken, exotischen Pflanzen- und Baumbeständen und bunt blühenden Blumen- und Kräuterbeeten muss sich der Botanische Garten nicht vor seinem großen Bruder, dem Palmengarten, verstecken. Die Anlage gehörte bis Anfang des Jahrtausends noch zur Frankfurter Uni, weil die biologischen Institute auf dem alten, inzwischen nahezu aufgelösten Bockenheimer Campus ganz in der Nähe lagen. Seit 2012 betreut die Stadt den Garten, der direkt am Rande des Grüneburgparks liegt, und von März bis Oktober kostenlos zugänglich ist. Die Pflanzensammlung, die hier mitten in Europa wächst und gedeiht, umfasst Pflanzen aus aller Welt. (www.botanischergarten-frankfurt.de)

Im Grüneburgpark Richtung Westend-Campus halten und dem Grüneburgweg Richtung Innenstadt folgen.

Grüne Winkel zwischen Skyline und Fernsehturm.

Grüne Soße, Kartoffeln und Ei, dazu ein Bembel Ebbelwei: Gibts Schöneres?

KM 7

2

Bethmannpark

Denksport unter freiem Himmel

Wo andere ihren Frühsport machen, bietet sich auch die Möglichkeit für Frühsport für den Kopf. Zu übersehen ist zumindest das größte der drei Schachfelder im Frankfurter Bethmannpark ja nicht gerade. Mit Glück stehen die großen Figuren gerade frei in der Sonne und warten geradezu darauf, dass jemand sie auf ihre Anfangspositionen stellt: weiße Dame auf weiß, schwarze Dame auf schwarz – und dann mit dem ersten Zug die Partie eröffnet. Wer eigene kleine Figuren von zu Hause mitbringt, kann notfalls auch an die kleinen Tische ausweichen – oder stattdessen im Park auf einen Streifzug gehen. Etwas verborgen hinter Mauern liegt mitten im Park der »Garten des himmlischen Friedens«, ein Chinesischer Garten mit Pavillons, einem geheimnisvollen Bambushain und vielen versteckten Details. (www.frankfurt.de/themen/umwelt-und-gruen/orte/gaerten/bethmannpark)

Direkt am Parkausgang links auf die Berger Straße abbiegen.

Das Baumaterial für den chinesischen Garten in Frankfurt wurde eigens aus China herbeigeschafft.

KM 10

3

Apfelwein Solzer

Frankfurt schmecken

Weil sich ohnehin langsam der Hunger meldet und einer der größten Sommergärten der Stadt direkt auf der Strecke liegt, ist der charmante Stadtteil Bornheim der ideale Ort für kulinarisches Sightseeing. Bei so viel Grün in der Stadt darf ja das grünste aller Frankfurter Wahrzeichen nicht zu kurz kommen. Die Frankfurter »Grie Soß« besteht aus sieben Kräutern und ist nur echt, wenn Borretsch, Kerbel, Kresse, Petersilie, Pimpinelle, Sauerampfer und Schnittlauch tatsächlich im Frankfurter Großraum gewachsen sind. Dazu gibts Salzkartoffeln und halbe Eier und – Ehrensache – eine Kostprobe vom ebenfalls typischen Frankfurter Ebbelwei: sauer (mit Wasser, nicht mit Limo) gespritzt und kühl und erfrischend. (www.solzer-frankfurt.de)

Der Berger Straße noch ein Stück aufwärts folgen bis kurz vor die Autobahn. Dann rechts halten und am Bornheimer Hang wieder bergab Richtung Ostpark.

KM 15

4

Hafenpark

Grünstes Fitnessstudio der Stadt

Sobald die ersten Sonnenstrahlen nach draußen locken, zieht der Frankfurter Hafenpark zwischen Osthafen und EZB ganz verschiedene Bewegungsfreudige wie magisch an. An unterschiedlichen Sportgeräten kann man sich an Klimmzügen, Hangeleien und allerlei Kraftakten versuchen, Trampolins und Kletterkugeln ausprobieren. Alternativ geht's mit der Yogamatte auf eine der Wiesen oder mit Rollen unter den Füßen in den Concrete Jungle, die wohl beliebteste Skateranlage der Stadt. Ob man sich bei einer der sportlichen Aktivitäten aktiv beteiligt oder einfach nur zum Zuschauen hindurchspaziert, bleibt einem selbst überlassen – eine Pause einlegen sollte man an einem der jüngsten Frankfurter Parks aber schon deshalb, weil der Blick auf Main und Osthafen hier noch einmal mehr daran erinnert, wie Stadt und Grün bestens miteinander harmonieren.

Über Honsell- und Osthafenbrücke den Main überqueren und links durch die Unterführung Richtung Speckweg. Über den Oberräder Fußweg nach Sachsenhausen.

Beim Streifzug durch den Hafenpark finden sich viele Sportgeräte.

Wasserhäuschen wie das Nox erleben in Frankfurt seit einigen Jahren eine Renaissance.

KM 20

5

Nox Wasserhäuschen

Auf 'ne Limo oder ein Bierchen

Ein Kaffee oder kühle Getränke sind jetzt verdient.

Wasserhäuschen ... Im Vergleich zu Begriffen wie Kiosk, Trinkhalle, Späti oder Büdchen klingt der Frankfurter Oberbegriff für die Institution, in der man sich auch gern mal in Jogginghose und Schlabberpulli mit Getränken und Süßigkeiten eindeckt und eigentlich immer irgendwen aus der Nachbarschaft trifft, fast ein bisschen poetisch. Eins der nettesten von Hunderten Wasserhäuschen auf Frankfurter Stadtgebiet macht seit einigen Jahren aus dem Ende eines Hunderte Meter langen Grünstreifens in Sachsenhausen eine kleine Nachbarschafts-Oase, mit großer Getränkeauswahl, gemischten Tüten, Strandstühlen und Ohrensesseln. (www.nox-wasserhäuschen.de)

Der Holbeinstraße bis zum Main folgen, dann über den Holbeinsteg, am Mainufer rechts halten bis zur nächsten Brücke. Links auf die Neue Mainzer Straße, hinter dem Euro-Zeichen am Willy-Brandt-Platz rechts Richtung Taunusanlage.

KM 23

6 Alte Oper
Vielseitiges Schmuckstück

Es ist wie verhext: Sie ist eins der meistfotografierten Motive der Stadt, und dennoch findet man auf wundersame Weise bei jedem Vorbeigehen an der Alten Oper doch wieder neue Details oder saisonale Besonderheiten. Im Frühling die Kirschblüten, im Sommer die sprudelnde Fontäne, in der sich die Sonne bricht, und im Herbst buntes Laub, das dem Opernplatz täglich ein neues Gesicht gibt. Und als wäre das nicht genug, sorgen auch in der Nachbarschaft die modernen Bankentürme und jahrhundertealte Villen für Kontraste. Wer sich hier mit der (Smartphone-) Kamera auf Erkundungsmission macht, kann schon mal bis zum Sonnenuntergang die Zeit vergessen.

Über den Radweg an der Bockenheimer Anlage zurück zum Westbahnhof.

EXTRA INFOS:

Das ● **Bistro Suppengrün** (im quirligen Bornheim), wo es täglich wechselnde Suppen und Currys als Mittagsgerichte gibt, wird betrieben durch eine regionale Gemüseanbau-Kooperative und ist gleichzeitig ein Gemüseladen. (www.diekooperative.de)

Wenn's exotischer werden soll: Im ● **Restaurant Sonamu** (in Bornheim) dreht sich alles um die Lieblings-Familienrezepte der aus Korea stammenden Betreiberfamilie. Comfort Food im wahrsten Sinne des Wortes. (www.sonamu-frankfurt.de)

KM 26 » ZIEL
Frankfurt Westbahnhof

Dem Wahren Schönen Guten: Das Motto der Alten Oper ist innen und außen Programm.

AUF EINEN BLICK

- **Start/Ziel:** Frankfurt Westbahnhof
- **Strecke:** 26 km (Rundtour)
- **Reine Radelzeit:** 2 Std. 15
- **Höhenmeter:** ↗ 51 m ↘ 51 m
- **Wegbeschaffenheit:** Gut ausgebaute, breite Radwege.
- **Beste Zeit:** In der Blütezeit im Botanischen Garten, zwischen März und Oktober.
- **Ausrüstung:** Faltbare Matte für Yoga in einem der Parks, Schachfiguren für eine Partie an einem freien Schachtisch.

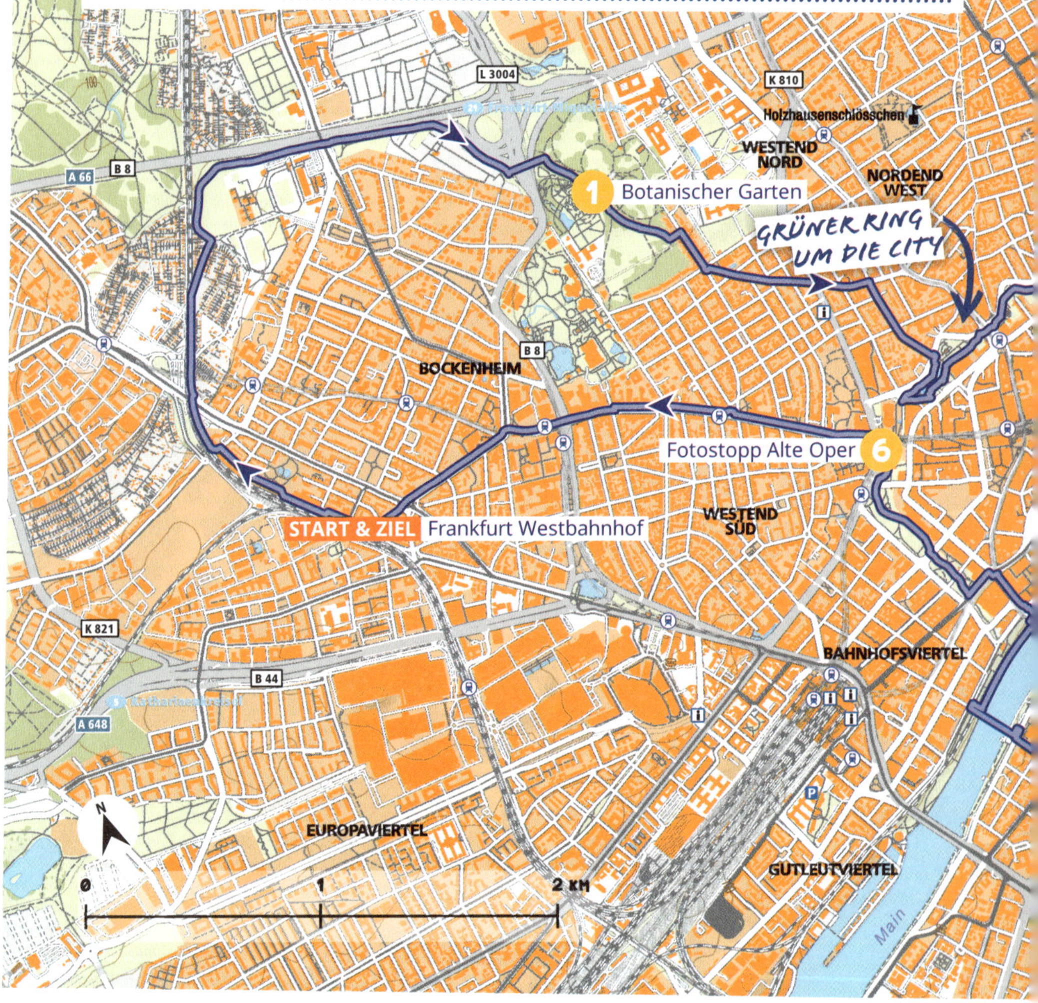

Im Boden
Sulzenschlag
Am Hohen Markstein
Der Galgenberg
Die Leimenkaute
Hinter den Röthen
Die Steinige Gewann
Alte Röthen
Die Steinige Gewann
Die Weißerde
Apfelwein Solzer
3
Schlinkengewann
BORNHEIM
Im Schwinden
Die Froschbach
Hermbruch
Am Helfersee
RIEDERWALD
Erlenbruch
Riederwald
Pagoda Phat Hue
A 661
B 8
Restaurant Sonamu
Ostparkweiher
B 8
NORDEND OST
Oratorium des heiligen Philipp Neri
RITT DURCHS »LUSTIGE DORF«
DEM MAIN ENTGEGENROLLEN
A 661
Main
Bistro Suppengrün
2
Schach im Bethmannpark
Osthafen
Kaiserlei
B 43
Contargo Frankfurt-Ost
OSTEND
B 3
4
Outdoor-Fitnessstudio im Hafenpark
Südlich der Eisenbahn
Ebbigsborn
Bruchgärten
FRANKFURT AM MAIN
INNENSTADT
ALTSTADT
HIER LIEGT DIE HEIMAT DER GRÜNEN SOSSE
Pflanzländer
Flaschenhof
Bachwiesen
Im Vogelherd
Müllermain
An der Deutschherrnmühle
OBERRAD
Im Brand
In der Schießhütte
Wendelsplatz
Am Breul
Im Herrnwäldchen
SACHSENHAUSEN
Schießstäffel
Wolfskaut
B 3
5
Nox Wasserhäuschen
An der Goetheruhe
Am Scheerwald

DIE RADELPAUSEN

» START
Bahnhof Heusenstamm

KM 3
1 Schmittgraben
Überraschendes Naturkino

KM 10
2 Strandbad Rodgau
Feiner Sand und klares Wasser

KM 13
3 Juli's Eisautomat
Maschine mit Geschmack

14

GRENZ-ROMANTIK

Zwischen Heusenstamm und Seligenstadt

Wo Hessen endet und Bayern – oder genauer gesagt: Franken – beginnt, liegt direkt an der Grenze, an einer besonders sehenswerten Mainschleife, mit dem historischen Städtchen Seligenstadt einer der schönsten Orte Hessens.

KM 25

4 Mainufer Karlstein

Gemütliche Grenzerfahrung

KM 29

5 Wasserburg Klein-Welzheim

Gleich doppelt fotogen

KM 30

6 Seligenstadt

Spaziergang im Klostergarten

KM 46,9 » ZIEL

Bahnhof Heusenstamm

GRENZEN VERSCHWIMMEN

» Darum könnte man manchmal auch glatt vergessen, dass dort, wo das Rhein-Main-Gebiet endet, kaum 50 Kilometer östlich der Grenze zu Rheinland-Pfalz, ein anderes Bundesland beginnt. Seit Zölle, Grenzkontrollen und andere Barrieren verschwunden sind – erst unter den Regionen in Deutschland, dann zwischen den Ländern in der EU – ist das Leben bedeutend einfacher geworden. Und das zeigt sich nicht nur daran, dass man zwischen Hessen und Bayern heute problemlos hin- und herspazieren kann.

ERFRISCHEND: WENN IMMER WIEDER WALDDUFT IN DER LUFT LIEGT

Der Ausflug beginnt in der Kleinstadt Heusenstamm, wo bereits wenige hundert Meter vom Bahnhof eine der außergewöhnlichsten Straßen der Strecke, eine Allee zwischen zwei Weihern, die erste Sehenswürdigkeit des Tages ankündigt. Erst ganz am Ende der Schlossallee rückt das Schloss Schönborn in den Blick, ein Stück weiter geht es in die schöne Altstadt und von dort zum Stadtrand. Hier lohnt sich der Blick für Details, weil geschnitzte Holzfiguren in einen verwunschenen Waldabschnitt am **Schmittgraben** führen.

Weiter geht's Richtung Rodgau, wo an warmen Tagen ein **Badesee** eine große Verlockung ist anzuhalten. Im Nachbarstadtteil Dudenhofen setzt dann ein **Eisautomat** mit großer Auswahl noch eine Schippe drauf auf den Sommergenuss, bevor es ein Stück durch Wald und Wiesen immer näher an die Grenze geht.

Am Main angekommen, führt die Kilianusbrücke Fußgänger:innen und Radler:innen binnen weniger Minuten zu herrlichen Pausenplätzchen am Ufer im unterfränkischen **Karlstein am Main.** Zurück auf hessischer Seite geht es erst zur **Wasserburg Klein-Welzheim** und dann nach **Seligenstadt**, wo die gleichnamige Mainfähre den erneuten Grenzübertritt nochmal ganz anders gestaltet. Wer lieber an Land bleibt, flaniert zwischen bunt blühendem Klostergarten und Fachwerkidyll durchs Städtchen und beendet die Runde entweder am Bahnhof Seligenstadt oder tritt zurück Richtung Heusenstamm auf Wald- und Feldwegen nochmal ein wenig in die Pedale. «

Für die versteckte Winkel Seligenstadts nimmt man sich ruhig ein wenig Zeit.

Pause gleich zum Auftakt? In Heusenstamm gar kein Problem!

Sightseeing-Tipp in Heusenstamm: das historische Schloss Schönborn.

RADELN & GENIEßEN

» START

Bahnhof Heusenstamm

Am Bahnhof rechts über den Parkplatz und nochmal rechts durch die Unterführung. Über die Schlossallee bis zum Schloss und über die Frankfurter und Petershäuser Straße stadtauswärts.

KM 3

1 Schmittgraben

Überraschendes Naturkino

An einer kleinen Steinbrücke nur einige Schritte von den Grundmauern der ehemaligen Mühle Renigishausen liegt das schönste Kino der Region. Es braucht keine Plüschsessel, keine Popcorn-Maschine und auch keine Leinwand, das Programm bestimmt einzig und allein die Natur. Wie auf eine Bühne fällt der Blick Richtung Schmittgraben auf eine Szenerie aus Grüntönen, in der Wasservögel unterwegs sind und sich mit Glück sogar Biber beobachten lassen, die sich hier wieder angesiedelt haben.

Weiter auf dem Radweg, der eine Kurve nach rechts macht und weiter größtenteils geradeaus nach Rodgau führt.

Geschnitzt oder echt? In der Natur am Schmittgraben muss man manchmal zweimal hinschauen.

UND JETZT: REINSPRINGEN!

Bevor's ans Wasser des Mains geht, geht's am Rodgauer Badesee nochmal zur Erfrischung ins kühle Nass.

Schwierige Auswahl: Klassisch Schoki, Himbeer oder doch lieber Heu?

KM 10

2 Strandbad Rodgau

Feiner Sand und klares Wasser

Gerade an heißen Sommertagen ruft der Körper nach Abkühlung, und die liegt in Form eines der größten Badeseen mit langem Strandbereich zum Glück direkt an der Route. Wer mit dem E-Bike unterwegs ist, kann sein Gefährt hier sogar in den eigens dafür aufgestellten Boxen für kleines Geld tanken, während man seine eigenen Batterien am Wasser auflädt. Ein Sonnenschirm, falls die Sonne mal zu doll brutzelt, kann hier ausgeliehen werden, und wer sich mal am Stand-Up-Paddling versuchen möchte, bekommt am Kiosk ebenfalls das passende Material. Genug im warmen Sand gechillt? Dann kann's jetzt ja weitergehen! (www.rodgau.de/freizeit/Strandbad)

Am Parkplatz vorbei und weiter über die Mainzer Straße Richtung Dudenhofen. Radbeschilderung der Rhein-Main-Vergnügen Route 1 folgen. Der Eisautomat liegt links vom Weg in einer Nebenstraße.

KM 13

3 Juli's Eisautomat

Maschine mit Geschmack

Eigentlich schade, dass es auf den landschaftlich schönsten Strecken, also denen zwischen den größeren Orten, so selten Eisdielen gibt. Praktischerweise übernimmt nur wenige hundert Meter vorm Ortsrand im Rodgauer Stadtteil Dudenhofen eine Maschine den Job. An dem Gerät gibt es neben einer Geschmacksauswahl aus vielen Fruchtsorten, Klassikern wie Vanille und Schokolade auch ausgefallenere Sorten wie Blueberry-Cheesecake, Himbeer-Buttermilch oder Heu-Eis, neben der kleinen Portion im Kugelformat auch Eis in größeren Gefäßen. Einweglöffel für unterwegs liegen praktischerweise direkt daneben. Wer eine Kühltasche dabei hat und schnell radelt, ist, bevor die süße Leckerei geschmolzen ist, zum Schlemmen ruckzuck im Grünen.

Weiter auf dem Radweg, erst nach Zellhausen, dann nach Mainflingen. Hier führt eine steile Abfahrt (besser absteigen und schieben!) zum Mainradweg.

Das Eis vom Automaten ist die perfekte Wegzehrung für unterwegs.

Hinter der Kilianusbrücke kann man auch bis zur Fähre weiterradeln und nach Seligenstadt übersetzen.

KM 29

5 Wasserburg Klein-Welzheim
Gleich doppelt fotogen

Dass Seligenstadt eine der schönsten Städte Hessens sein soll, hört man ja immer wieder, einen der Beweise dafür bietet schon ein Gebäude etwas außerhalb: die im frühen 18. Jahrhundert errichtete Wasserburg Klein-Welzheim. Wer sich ihr mit Kamera oder Smartphone nähert, um Fotos für Instagram oder einfach nur sein privates Erinnerungsalbum zu schießen, hat an dem Gebäude mitten im Wasser seine helle Freude. Die Spiegelung des Schlösschens in der glatten Oberfläche sorgt für Bildeffekte, die man sich nicht schöner zurechtbauen könnte, ein Teppich von Seerosen rechts der Zugbrücke am Eingang macht das Idyll perfekt.

Über denselben Weg zurück und weiter auf dem Mainradweg.

KM 25

4 Mainufer Karlstein
Gemütliche Grenzerfahrung

Es liegt in der Natur von Flüssen, dass sie Grenzen ziehen, warum sollte es der Main da auch anders machen? Aber dass hier, kaum 40 Kilometer von Frankfurt entfernt, Hessen schon endet und Bayern beginnt, das vergisst man im Alltag dann doch immer wieder. Und wenn man eine so hübsche Einladung bekommt wie die 1989 eingeweihte Kilianusbrücke, die als Steg die Verbindung ins Nachbarland herstellt, wie könnte man da widerstehen? Es geht also über die geschwungene Brücke ans andere Ufer, wo versteckte Winkel direkt am Wasser sich herrlich für die nächste Pause eignen – einfach nur, weil die Grenzen hier, ganz im Osten des Landkreises Offenbach, so einfach zu nehmen sind.

Zurück ans hessische Ufer und dem Mainradweg weiter flussabwärts folgen.

Besichtigen lässt sich die Wasserburg zwar nicht, dafür gibt sie von außen ein umso schöneres Bild ab.

Stellenweise bunt, stellenweise nützlich sind die Pflanzen im Klostergarten.

EXTRA INFOS:

An einem der schönsten Plätze Seligenstadts draußen sitzen, schlemmen und dabei genießen, dass man mal so richtig schön Zeit hat: Das ● **Restaurant Zu den Drei Kronen** ist auf Pasta und Steaks spezialisiert. Zum Haus gehört auch ein Hotel, mit dem man die Tour problemlos zum Wochenendausflug machen kann. (www.zudendreikronen.com)

KM 30

KM 46,9 » ZIEL
Bahnhof Heusenstamm

6 Seligenstadt

Spaziergang im Klostergarten

Wo der wohl bunteste Ort der ganzen Tour liegt? In Seligenstadt natürlich – oder besser: im Klostergarten der ehemaligen Benediktiner-Abtei, die wohl zu den schönsten alten Klöstern Hessens zählt. Hier im Konventgarten blühen bunte Blumen, wachsen etliche Obstsorten und Kräuter. Die sorgen dafür, dass man sie ganz bestimmt nicht übersieht, und verleihen dem ganzen Besuch auch eine unverkennbare Duftnote. Doch auch außerhalb der Klostermauern gibt's, wenn man sein Fahrrad am Main abgestellt hat, eine Menge zu entdecken. In den Ladenzeilen der bunten Fachwerkhäuschen sind kleine Geschäfte, gemütliche Cafés und Restaurants zuhause.

Durch die Altstadt in Seligenstadt und über die Wolfstraße Richtung Bahnhof. Dort entweder mit der Bahn zurück Richtung Hanau/Frankfurt fahren oder rechts abbiegen, dann die Gleise überqueren und über die Frankfurter Straße der Route über Froschhausen, Weiskirchen und Rembrücken zurück nach Heusenstamm folgen.

Das Kloster ist das Wahrzeichen der Stadt Seligenstadt – und wohl ihr beliebtestes Fotomotiv.

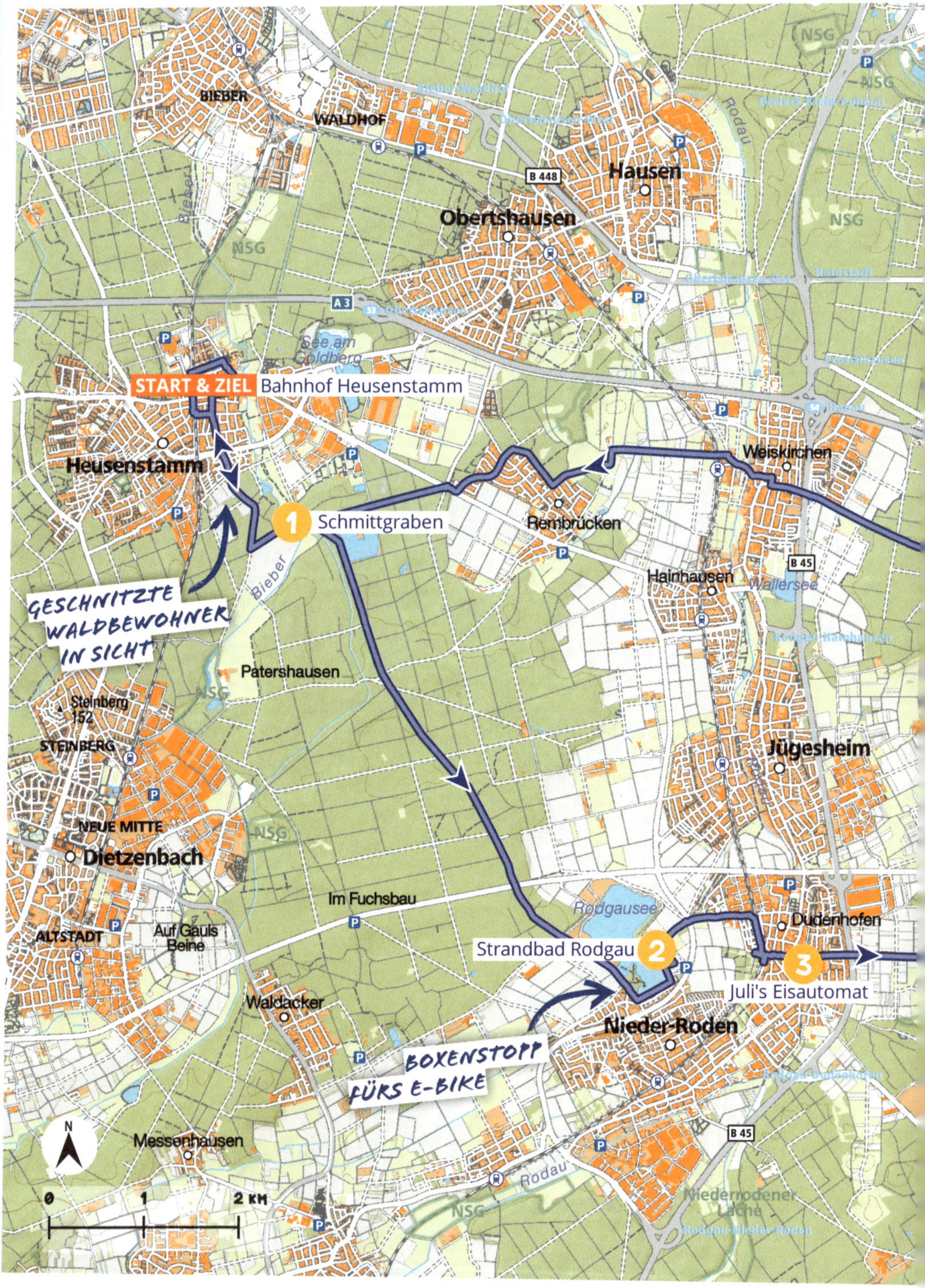
START & ZIEL
Bahnhof Heusenstamm
1 Schmittgraben
2 Strandbad Rodgau
3 Juli's Eisautomat
GESCHNITZTE WALDBEWOHNER IN SICHT
BOXENSTOPP FÜRS E-BIKE
BIEBER
WALDHOF
Hausen
Obertshausen
Heusenstamm
Rembrücken
Weiskirchen
Hainhausen
Wallersee
Jügesheim
Dudenhofen
Nieder-Roden
Rodgausee
Patershausen
Steinberg 152
STEINBERG
NEUE MITTE
Dietzenbach
ALTSTADT
Auf Gauls Beine
Im Fuchsbau
Waldacker
Messenhausen
See am Goldberg
Bieber
Rodau
NSG
A 3
B 448
B 45
Niederrodener Lache
N
0
1
2 KM

AUF EINEN BLICK

- **Start/Ziel:** Bahnhof Heusenstamm
- **alternatives Ziel:** Bahnhof Seligenstadt
- **Strecke:** 46,9 km (Rundtour), bei Abkürzung: ca. 31 km (Streckentour)
- **Reine Radelzeit:** 4 Std. 30 (Abkürzung: 3 Std. 30)
- **Höhenmeter:** ↗ 51 m ↘ 51 m
- **Wegbeschaffenheit:** Größtenteils asphaltierte Radwege, viele Wald- und Feldwege.
- **Beste Zeit:** An Sommertagen, wenn die Bade- und Eispause am besten tun.
- **Ausrüstung:** Badesachen und Flip-Flops, Löffel für den absoluten Notfall am Eisautomaten.

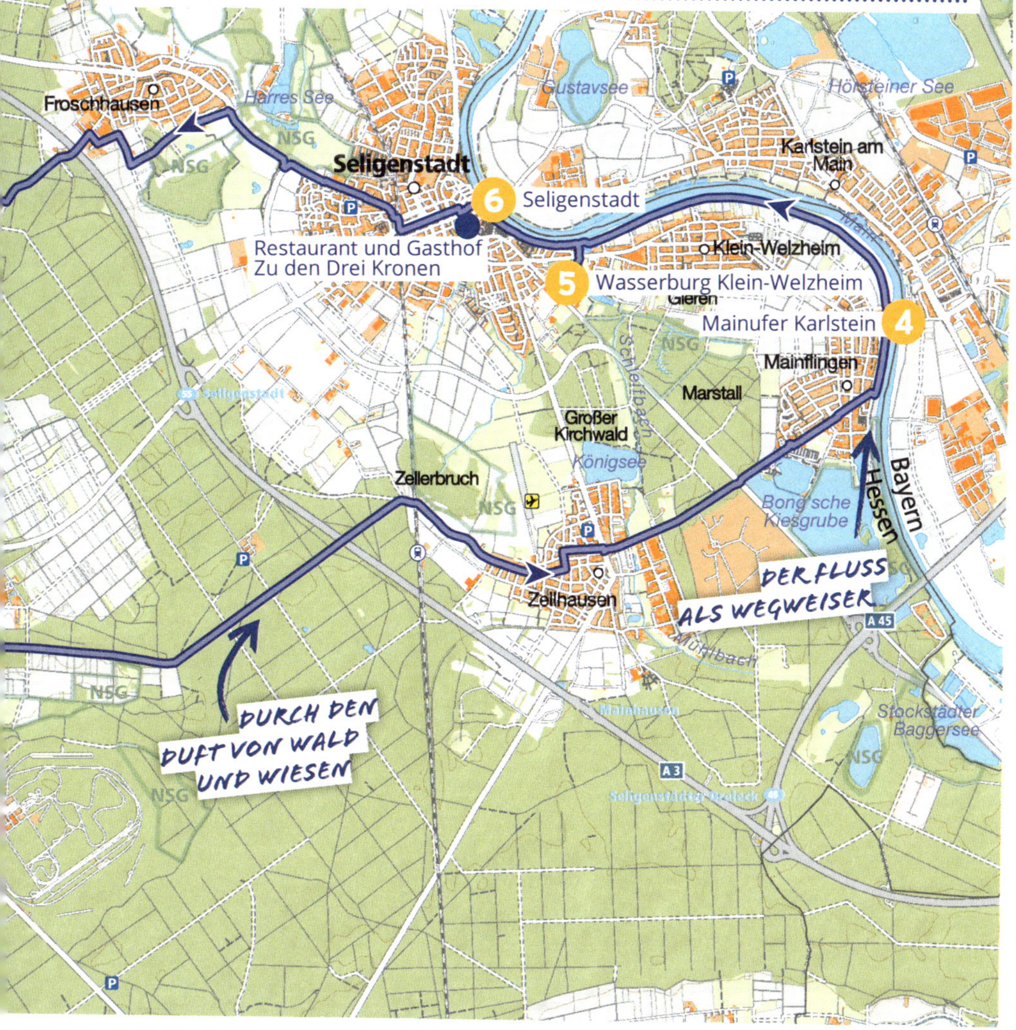

DIE RADELPAUSEN

» START
Bahnhof Dreieich-Buchschlag

KM 2
1 Dreieicher Ringlandwehr
Alte Konflikte am alten Baum

KM 5
2 Burg Hayn
Wie aus dem Märchen

KM 7
3 Stangenpyramide
Alles Ansichtssache

15

EINFACH ABTAUCHEN

Zwischen Dreieich und Neu-Isenburg

Zwischen den Städten Dreieich und Neu-Isenburg liegen neben vielen Hektar Wald auch etliche Entdeckungen. Es geht mitten durch einen Golfplatz, hinein in ein Kunstwerk und auf Zeitreise – und immer wieder nah ran an die Natur.

KM 12
4 Gotthard-Franke-Hütte
Picknick im Wald

KM 19
5 Eisdiele San Marco
Eiskalte Pasta zum Dessert

KM 23
6 Gehspitzweiher
Am wilden Wasser

KM 30,1 » ZIEL
Bahnhof Dreieich-Buchschlag

MANCHMAL, DA MUSS MAN EINFACH ABTAUCHEN, ...

» ... in Wälder, in denen knorrige Eichen und Buchen schon hunderte Jahreszeiten haben kommen und gehen sehen, in den Schatten einer Burgruine, in der mit etwas Fantasie das Mittelalter wieder aufersteht, und in die Vielfalt einer Landschaft, in der der Unterschied zwischen Metropolregion und Landidyll so fließend ist, dass man sich in jedem Augenblick verlieren kann.

IM SCHATTEN VON BURGMAUERN UND ROSENBÜSCHEN WIRD GESCHICHTE LEBENDIG

Ein Winkel der Region, der die ganze Vielfalt verbindet, liegt zwischen der Gemeinde Dreieich und der nördlichen Nachbarstadt Neu-Isenburg, die einst von schutzsuchenden Hugenotten gegründet wurde. Direkt zu Beginn der Strecke flankieren die Jugendstilbauten der Villenkolonie Buchschlag den Weg, der bald rein in den Wald und an einen Ort führt, wo Geschichte lebendig wird.

Ganz in der Nähe einer alten, bizarr gewachsenen Süntelbuche entsteht ein Ort, an dem Teile der **Dreieicher Ringlandwehr** erlebbar machen sollten, wie klein und unfrei die eine Welt hier vor hunderten Jahren sein konnte. Das demonstrieren neben einem wiederaufgebauten Grenzposten auch die mächtigen Burgmauern der **Burg Hayn**. Vor der **Stangenpyramide** dagegen, einem gigantischen begehbaren Kunstwerk nördlich von Dreieichenhain, tritt die Grenzenlosigkeit der Jetztzeit in Erscheinung. Als ob er die Sache mit der Freiheit dann auf die Spitze treiben wollte, führt der Weg dann noch mitten durch einen Golfplatz und damit eine Art Gelände, das selbst heute für Außenstehende durch schier unüberwindbare Grenzen nach außen abgeschirmt ist.

Gerade an Sommertagen tut es nun aber ganz gut, wieder in den Schatten des Waldes abzutauchen, wo **zwischen einer Lichtung und einer Schutzhütte** ein toller Ort für ein mitgebrachtes Picknick liegt. Hier kann man sich ganz im Rascheln der Natur verlieren, bevor es weiter nach Neu-Isenburg geht. Erst entlang der historischen Spuren der Hugenottenstadt, dann auf eine Abkühlung zum **Eisessen** oder Baden. Kurz vor Ende der Tour taucht man dann beim Spaziergang am **Gehspitzweiher** zwischen Neu-Isenburg und Buchschlag nochmal ab in die faszinierende Natur. «

Zwischen den Orten der Radtour liegen immer wieder schattige Waldwege.

Im Stadtteil Dreieichenhain finden sich viele kleine Cafés und Restaurants.

Die kleine Kirche, die zur Burg Hayn gehört, stammt aus dem 18. Jahrhundert.

»START

Bahnhof Dreieich-Buchschlag

Am Bahnhof Dreieich-Buchschlag auf die Ernst-Ludwig-Allee fahren. Rechts auf die Hainer Trift abbiegen und nach wenigen hundert Metern der Abzweigung nach links in den Wald folgen.

KM 2

1

Dreieicher Ringlandwehr

Alte Konflikte am alten Baum

So friedlich, wie es heute in den Waldgebieten um die Stadtteile von Dreieich zugeht, kann man sich kaum vorstellen, dass hier früher Gräben, Dornenhecken und etliche Bewaffnete sich Eindringlinge und Feinde vom Hals hielten. Auch wenn diese Zeiten längst vorbei sind, kann es spannend sein, einen Einblick zu erhalten und die Vergangenheit lebendig zu machen. So geschieht es gerade zwischen Buchschlag, Sprendlingen und Dreieichenhain, wo genau deshalb Teile der alten Ringlandwehr wieder aufgebaut werden. Fast auffälliger als der noch im Ansatz erkennbare Graben und der rekonstruierte Schlagbaum, ein ehemaliger Grenzposten, ist eine knorrige Süntelbuche, ein Naturdenkmal, das so uralt ist, dass es auf einer Seite gestützt werden muss.

Dem Radweg An der Lettkaut immer weiter folgen. Von hier weisen Schilder den Weg nach Dreieichenhain.

Die Süntelbuche an der alten Ringlandwehr ist ein faszinierendes Naturdenkmal.

Beim Streifzug durch Burg Hayn häufen sich schöne Fotoperspektiven.

Hinter der Stangenpyramide spitzelt die Frankfurter Skyline hervor.

KM 5

2 Burg Hayn

Wie aus dem Märchen

Mit ihren zerklüfteten Mauern, versteckten Sitznischen und Rosensträuchern erfüllt die Burg im Stadtteil Dreieichenhain so ziemlich alle Anforderungen, die man an eine Märchenburg stellen kann. Jeden Sommer dient sie als Schauplatz für Konzerte, Theatervorstellungen und andere Veranstaltungen, was Tagesgäste nicht davon abhält, zwischen den alten Mauern umherzuflanieren und sich faszinieren zu lassen. Wer sich für unterwegs noch mit einem Picknick eindecken will: In der Altstadt unweit der Burg sind ein paar Bäckereien. Ab hier geht's dann erstmal raus ins Grüne.

Hinter der Burg dem Radfernweg R8 folgen und den ersten Kreisel bei der zweiten, den zweiten bei der dritten Abfahrt verlassen.

KM 7

3 Stangenpyramide

Alles Ansichtssache

Einfach alles ist eine Sache der Perspektive und damit – plakativ gesprochen – Ansichtssache. Es wartet unweit von Dreieichenhain ein Kunstwerk darauf, dass man in ihm genau diese Perspektiven aufspürt. Auf die umliegenden Landschaften, die in der Ferne sichtbare Frankfurter Skyline und die Hügel des Taunus dahinter. Das Kunstwerk heißt Stangenpyramide, der Name spiegelt die Form, vor allem wenn man genau davorsteht, ziemlich korrekt. Aber auch wenn man im Slalom durch die zwischen 60 Zentimeter und sechs Meter hohen Holzpflöcke flaniert, wird die Pyramidenform immer wieder sichtbar.

Dem Radweg immer weiter geradeaus in den Wald folgen. Kurz vor Dietzenbach links auf die Holländer-Born-Schneise fahren Richtung Neu-Isenburg.

KM 12

4

Gotthard-Franke-Hütte

Picknick im Wald

Nachdem der erste Teil der Route vorwiegend durch offene Landschaften führt, heißt es nun eintauchen in den Wald. Und wie ließe sich der schöner genießen als bei einem Picknick? Herrlich im Grünen sitzen, dem Rascheln des Waldes und singenden Vögeln zuhören und einfach den Tag genießen, während der Wald für die richtige Mischung aus Sonne und Schatten sorgt. Die Wahl fällt – je nach Belieben – auf eine Bank direkt an einer grünen Lichtung oder die wettergeschützte Gotthard-Franke-Hütte im schattigen Wald.

Weiter dem Radweg folgen bis zum Stadtrand von Neu-Isenburg und hinter dem Bansapark links Richtung alter Stadtkern abbiegen.

Neben der Hütte stehen auch einige Bänke fürs Waldpicknick parat.

Bunte Wimpel flattern über der Bahnhofstraße, während man im Straßencafé sein Eis genießt.

KM 19

5

Eisdiele San Marco

Eiskalte Pasta zum Dessert

Gerade an sonnigen Tagen freut sich der Körper nach einigen Etappen nun sicher über eine Abkühlung in Form von ... Pasta. Ganz in der Nähe des Neu-Isenburger Bahnhofs hat die Eisdiele San Marco einige Eiskreationen parat, die übers klassische Spaghetti-Eis hinausgehen, zum Beispiel in Form von Lasagne. Daneben gibt's klassische Eisbecher, feines Tiramisu, Eiskaffee, oder – wenn's schnell gehen muss – auch einfach eine Waffel auf die Hand.

Der Bahnhofsstraße weiter folgen und hinter der Unterführung links dem Radweg Richtung Langener Waldsee folgen. Die Fasanenschneise (ab hier gern absteigen und schieben) führt direkt zum Gehspitzweiher.

EXTRA INFOS:

Wem hier an heißen Tagen eher nach richtiger Abkühlung ist, der biegt bereits ein Stück, bevor es zurück in den Wald geht, vor dem Neu-Isenburger Bahnhof zum ● **Waldschwimmbad** ab.

KM 23

6 Gehspitzweiher
Am wilden Wasser

Zurück im Wald geht's ganz nah ran an die Wildnis, die sich hier seit den 1980er Jahren im Naturschutzgebiet am Gehspitzweiher entwickelt – und eine ganz schöne Artenvielfalt anzieht: Knapp 100 Vogelarten sollen hier leben, dazu Fledermäuse, Libellen, Heuschrecken und Schmetterlinge, Molche, Kröten, Frösche und unzählige Insekten. Dass sie ihre Ruhe haben, dafür sorgen Absperrungen am See und etliche Bäume, die dank ihren hohen Kronen und schmalen Stämmen allerdings Blicke auf das blau bis grünlich durchschimmernde Wasser zulassen.

Dem Isenburgerweg folgen und wieder Richtung Langener Waldsee halten. Statt zum See hin auf die Kirchschneise abbiegen und weiter Richtung Buchschlag.

KM 30,1 » ZIEL

Bahnhof Dreieich-Buchschlag

Bäume und Sträucher bilden am Gehspitzweiher immer wieder ein Fenster zur Wildnis.

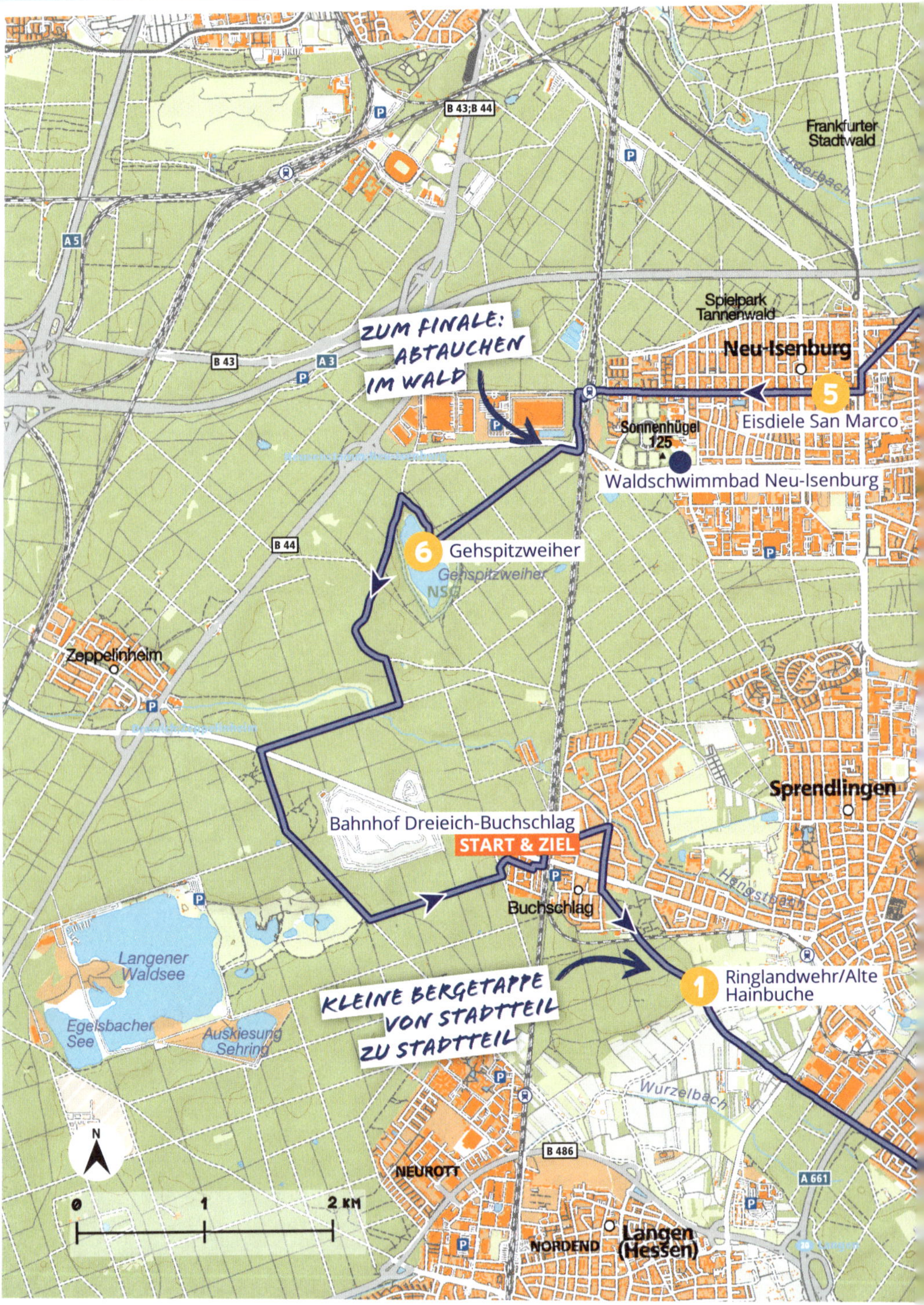

B 43;B 44
Frankfurter Stadtwald
A 5
Spielpark Tannenwald
Neu-Isenburg
ZUM FINALE: ABTAUCHEN IM WALD
B 43
A 3
5
Eisdiele San Marco
Sonnenhügel 125
Waldschwimmbad Neu-Isenburg
B 44
6
Gehspitzweiher
Gehspitzweiher NSG
Zeppelinheim
Sprendlingen
Bahnhof Dreieich-Buchschlag
START & ZIEL
Buchschlag
Hengstbach
Langener Waldsee
Egelsbacher See
Auskiesung Sehring
KLEINE BERGETAPPE VON STADTTEIL ZU STADTTEIL
1
Ringlandwehr/Alte Hainbuche
Wurzelbach
N
B 486
NEUROTT
A 661
0
1
2 KM
NORDEND
Langen (Hessen)

AUF EINEN BLICK

- **Start/Ziel:** Bahnhof Dreieich-Buchschlag
- **Strecke:** 30,1 km (Rundtour)
- **Reine Radelzeit:** 2 Std. 45
- **Höhenmeter:** ↗ 74 m ↘ 74 m
- **Wegbeschaffenheit:** Mischung aus asphaltierten Radwegen und Waldpfaden.
- **Beste Zeit:** Ab Juli, wenn die Rosen vor der Burg Hayn in aller Pracht blühen.
- **Ausrüstung:** Picknick für unterwegs.

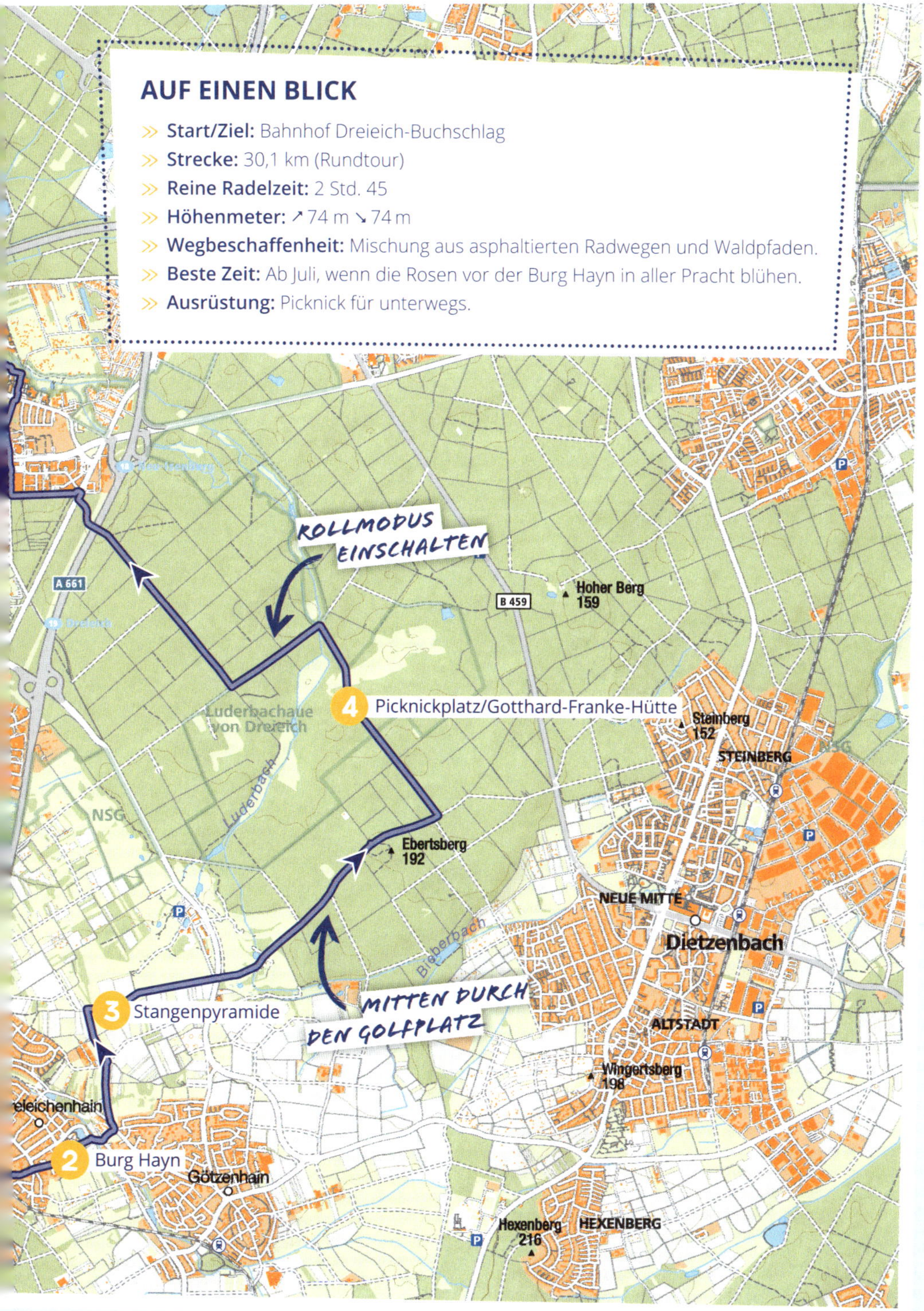

DIE RADELPAUSEN

» START
Frankfurt Hauptwache

KM 1
1 Holzhausenschlösschen
Sightseeing mal anders

KM 11
2 Lohrberg
Zum Selfie am Gipfelkreuz

KM 15
3 Riedteich
Am Sumpf versumpfen

16

SUPER-LATIVE MAL ANDERS

Zwischen City und Weinberg in Frankfurt am Main

Höher, schneller, weiter: So gerne die fünftgrößte Stadt Deutschlands mit den höchsten Gebäuden und dem größten Flughafen kokettiert, hat Frankfurt auch ganz andere Superlative zu bieten. Manche von ihnen haben mit einzigartigen Weinbergen, winzigen Schlösschen oder überraschenden Wildtieren zu tun.

KM 19

4 Fechenheim

Kontrastprogramm im Osten der Stadt

KM 28

5 Flößerbrücke

An Frankfurts schönstem Skyline-Blick

KM 29

6 Altstadt Frankfurt

Aus neu mach alt, aus alt mach neu …

KM 29,7 » ZIEL

Frankfurt Hauptwache

WER SAGT EIGENTLICH, ...

» ... dass so ein Superlativ immer mit Größe beeindrucken muss? Das malerischste Schloss kann ein Schlösschen sein, der hübscheste Weinberg problemlos auch der einzige. Und der abgelegenste Stadtteil ein überraschend lohnenswerter Ort, um abseits von Skyline und Klassikern ein ganz anderes Frankfurt kennenzulernen.

Start und Ende der Tour liegen aber tatsächlich an einem der zentralsten Orte der Stadt, direkt an der Hauptwache, wo üblicherweise Shopping- oder Sightseeingtouren starten. Oder eben der schnellste Weg raus aus dem Citytrubel, der ganz entspannt zum **Holzhausenschlösschen** führt.

AM LOHRBERG GIBT'S IMMER NOCH HÜBSCHERE SKYLINE-BLICKE ZU FINDEN

Unterwegs durch die Stadtteile Dornbusch, Eckenheim und Preungesheim zeigt Frankfurt nicht nur immer wieder neue Gesichter, sondern wird zwischen Baumalleen, gemütlichen Sträßchen und Feldwegen auch ruhiger und ruhiger. Bis mit dem Einbiegen auf den Grüngürtel-Radweg Richtung **Lohrberg** die Bergetappe der Strecke startet. Hier liefern herrliche Landschaften die beste Ausrede, wenn man sich doch mal ein Stück fürs Schieben entscheidet.

Hat man Frankfurts Hausberg erstmal erreicht und ausgiebig genossen, geht's dann auch ganz schnell wieder bergab. Erst gemächlich rollend durchs niedliche Bergen-Enkheim mit seinen alten Fachwerkhäusern, dann im Abenteuermodus über eine recht steile Schotterpiste. Als Teil des Obstlehrpfads Bergen-Enkheim sorgt die zum Glück auch beim Schieben für spannende Entdeckungen. Fahrrad oder Downhill-Fähigkeiten könnten einen Richtung **Riedteich** zum Absteigen zwingen.

Durch das Naturschutzgebiet rund um den See, schattige Pfade und schließlich am Main entlang kommt man in **Fechenheim** wieder auf Augenhöhe der Stadt an. Die versteckt sich noch hinter der nächsten Mainbiegung, bevor man ihr am Südufer des Flusses immer näherkommt und schließlich von der **Flößerbrücke** den schönsten Skyline-Blick vor sich hat. Doch noch Lust bekommen, ein wenig Sightseeing zu machen? Die wahrscheinlich neueste **Altstadt** der Welt liegt gleich um die Ecke! «

Wenn der Anstieg zum Lohrberg geschafft ist, radelt es sich ganz entspannt zum Ausblick.

Unweit vom höchsten Punkt der Stadt stehen am Heiligenstock die Ruinen eines früheren Radiosenders.

Der Ausblick auf den Riedteich lässt die Stadt ganz weit weg erscheinen.

RADELN & GENIEẞEN

Verdiente Stärkung in der Lohrberg-Schänke.

»START

Frankfurt Hauptwache

Links vom Kaufhof-Eingang auf die Große Eschersheimer Straße fahren, auf dem Radweg die große Kreuzung am Eschenheimer Turm überqueren und an der Radwegabzweigung rechts Richtung Oeder Weg halten. Nach einiger Zeit zweigt nach links die Fürstenbergerstraße Richtung Holzhausenpark ab.

Park und Schloss sind nach der alten Frankfurter Patrizierfamilie Holzhausen benannt.

KM 1

1 Holzhausenschlösschen

Sightseeing mal anders

Dass es Zeiten gab, in denen es im heute so hippen Nordend ganz beschaulich zuging, glaubt man, wenn man so vor dem barocken Wasserschlösschen im Holzhausenpark steht und sich vom Geplätscher der Fontäne für einen Moment hypnotisieren lässt. Als im 16. Jahrhundert die erste Wasserburg inmitten von Heidelandschaft errichtet wurde, war an die heutige Großstadt nicht mal zu denken. Die Stadtgrenze verlief deutlich südlich von hier. Als ob der Park die Zeit zurückdrehen wollte, schluckt er heute viele der Stadtgeräusche und versetzt einen bei der ersten Rast am Holzhausenschlösschen in ruhigere Zeiten.

Hinterm Park rechts auf die Hammanstraße und den Radwegschildern Richtung Dornbusch und Eckenheim folgen. Über die Sigmund-Freud-Straße durch Fechenheim und ein Stück hinter dem Stadtteil auf den Grüngürtel-Radweg abbiegen.

Der Blick aus dem Weinberg in die Skyline gehört zu den schönsten Frankfurts.

KM 11

2 Lohrberg

Zum Selfie am Gipfelkreuz

Was erwartet man in Frankfurt zwischen Hochhäusern, Flughafen und Banken überhaupt nicht? Einen Weinberg nebst eigenem städtischem Weingut! Tatsächlich gehört Frankfurts Anbaugebiet am Südhang des Lohrbergs, unweit der höchsten Stelle der Stadt, offiziell zum Rheingau, wo der Frankfurter Tropfen auch produziert wird. Rund 10 000 Flaschen werden im Main-Städtchen Hochheim Jahr für Jahr abgefüllt. Unvergleichlichen Skyline-Blicke über die Reben gibt es jedoch nur hier oben, genau wie Spaziergänge durch ebenfalls an den Lohrpark angrenzende Gärten und Obstwiesen. Und wie es sich für einen richtigen Berg gehört, sorgt die almartige Stimmung im Garten der Lohrberg-schänke (www.lohrberg-schaenke.de) unweit vom Gipfelkreuz bei einer verdienten Pause für Glücksmomente.

Dem Grüngürtel-Radweg Richtung Bergen-Enkheim folgen. Kurz vorm Ende der Marktstraße zweigt der Radweg nach rechts auf einen Schotterweg ab.

KM 15

3 Riedteich

Am Sumpf versumpfen

Nach den großen Panoramen oben am Berg geht's weiter unten im Enkheimer Ried direkt auf die nächste Aussichtsplattform, gemütlich eine Handvoll Stufen rauf zu einigen Bänken. Dann liegt einem zu Füßen, was sonst hinter dichtem Geäst im Verborgenen bleibt: eine Welt, in der es für Frankfurter Verhältnisse ziemlich exotisch zugeht. Hier lebt neben vom Aussterben bedrohten Arten von Enten, Fröschen und Fischen auch die wohl größte Überraschung des Tages: die Europäische Sumpfschildkröte. Um sie zu beobachten, bräuchte es von hier aus neben Engelsgeduld wohl auch ein entsprechendes Fernglas, aber manchmal reicht ja auch die Fantasie. Hat sich da vorne nicht was bewegt?

Dem Grüngürtel-Radweg weiter folgen.

Drei Dinge gibt's am Riedteich zu tun: Rad unten stehen lassen, Treppen erklimmen und Platz nehmen.

Unweit des Römerbergs legen regelmäßig Ausflugsschiffe ab.

KM 19

4 Fechenheim

Kontrastprogramm im Osten der Stadt

Mit Industrievierteln, Spazierwegen am Main, lebendigem Miteinander und Straßen mit Lost-Place-Charakter, Parklandschaften und einem frisch renaturierten Auenland am Fechenheimer Mainbogen gibt es in Fechenheim so viele Kontraste wie kaum sonstwo in der Stadt. Und doch ist der in einer Mainschleife im Osten gelegene Stadtteil ein Ort, an den sich trotz guter Trambahn-Verbindung die wenigsten Frankfurter jemals verirren. Dabei lässt sich doch gerade hier der Entdeckergeist wecken ...

Immer weiter am Main entlangfahren, bis hinterm Mainbogen die Carl-Ulrich-Brücke nach Offenbach führt. Hinter der Brücke rechts halten und über den Mainradweg zurück nach Frankfurt.

KM 28

5 Flößerbrücke

An Frankfurts schönstem Skyline-Blick

Ganze 21 Brücken und Stege führen in den verschiedensten Winkeln Frankfurts über den Main und nicht selten zu herrlichen Ausblicken auf den Fluss und die beiden Uferseiten der Stadt – Hibbdebach wie Dribbdebach. Was bedeutet, dass gerade die zentralsten von ihnen – zwischen Holbeinsteg im Westen und Alter Brücke im Osten – immer wieder gern für Fotos des ikonischen Skyline-Blicks genutzt werden. Doch weil die Wolkenkratzer und Hochhäuser sich auf einer leicht schief verlaufenden Brücke noch ein bisschen schöner anordnen und viele Tourist:innen gar nicht bis hierher kommen, eignet sich eigentlich kein Ort so gut für ein Skyline-Fotoshooting wie die 221 Meter lange Flößerbrücke zwischen Sachsenhausen und Ostend. Eingerahmt zwischen den Türmen von Dreikönigskirche und Dom wirken die spektakulären Bauten gleich nochmal so eindrucksvoll.

Hinter der Brücke am Mainkai links und wenige hundert Meter weiter nach rechts Richtung Dom abbiegen und einen freien Fahrradständer ansteuern.

Dem Stadtteil Fechenheim sieht man die Industrialisierung noch heute an.

Das nach 1945 wiederaufgebaute Rathaus am Römerberg zählt inzwischen zu den alten Teilen der rekonstruierten Altstadt.

EXTRA INFOS:

Zurück in der Stadt ist jetzt erstmal eine kleine Radpause mit Stärkung an der Reihe, und der schattige Sommergarten des ● **Café Metropol** direkt gegenüber des Doms einer der besten Plätze, die man sich dafür vorstellen kann (www.metropol-cafe.de). Direkt nebenan wartet auf Fans spitzer Griffel ein Besuch im Caricatura-Museum für komische Kunst (www.caricatura-museum.de).

KM 29

6 Altstadt Frankfurt

Aus neu mach alt, aus alt mach neu …

KM 29,7 » ZIEL

Frankfurt Hauptwache

Jahrzehnte nach ihrer Zerstörung im Zweiten Weltkrieg ist die Frankfurter Altstadt wieder komplett – oder so ähnlich. Denn der gelobte wie kritisierte Wiederaufbau des Viertels zwischen Dom, Römerberg, Schirn und Braubachstraße hat sich auch etliche Freiheiten genommen, aus dem neuen Dom-Römer-Quartier einen modernen Ort zu machen, wo Menschen einkaufen und ihren Alltag verbringen. Das ist auch erstaunlich gut geglückt. Direkt nebenan liegen mit Römerberg und Paulskirche zwei der wichtigsten Sehenswürdigkeiten der Stadt. Auf geht's: Shopping, Sightseeing, Sundowner!

An Römer und Paulskirche vorbei geht's über den Liebfrauenberg zurück auf die Zeil. Je nach Gedränge in der City werden die letzten Meter zurück bis zur Hauptwache vielleicht besser geschoben.

Einfache Eselsbrücke: Das wiederaufgebaute Fachwerkhaus heißt Zur Goldenen Waage.

AUF EINEN BLICK

- **Start/Ziel:** Frankfurt Hauptwache
- **Strecke:** 29,7 km (Rundtour)
- **Reine Radelzeit:** 3 Std.
- **Höhenmeter:** ↗93 m ↘93 m
- **Wegbeschaffenheit:** Am Main und in den Stadtteilen Asphaltwege. Der Grüngürtel-Radweg führt stellenweise über Feld-, Wald- und Schotterwege.
- **Beste Zeit:** Wenn die Reben den Lohrberg ab Juli in strahlendes Grün tauchen.
- **Ausrüstung:** Es ist ja grundsätzlich empfohlen, mit Helm zu fahren, aber bei so viel Innenstadtanteil ist der Fahrradhelm ein echtes Muss.

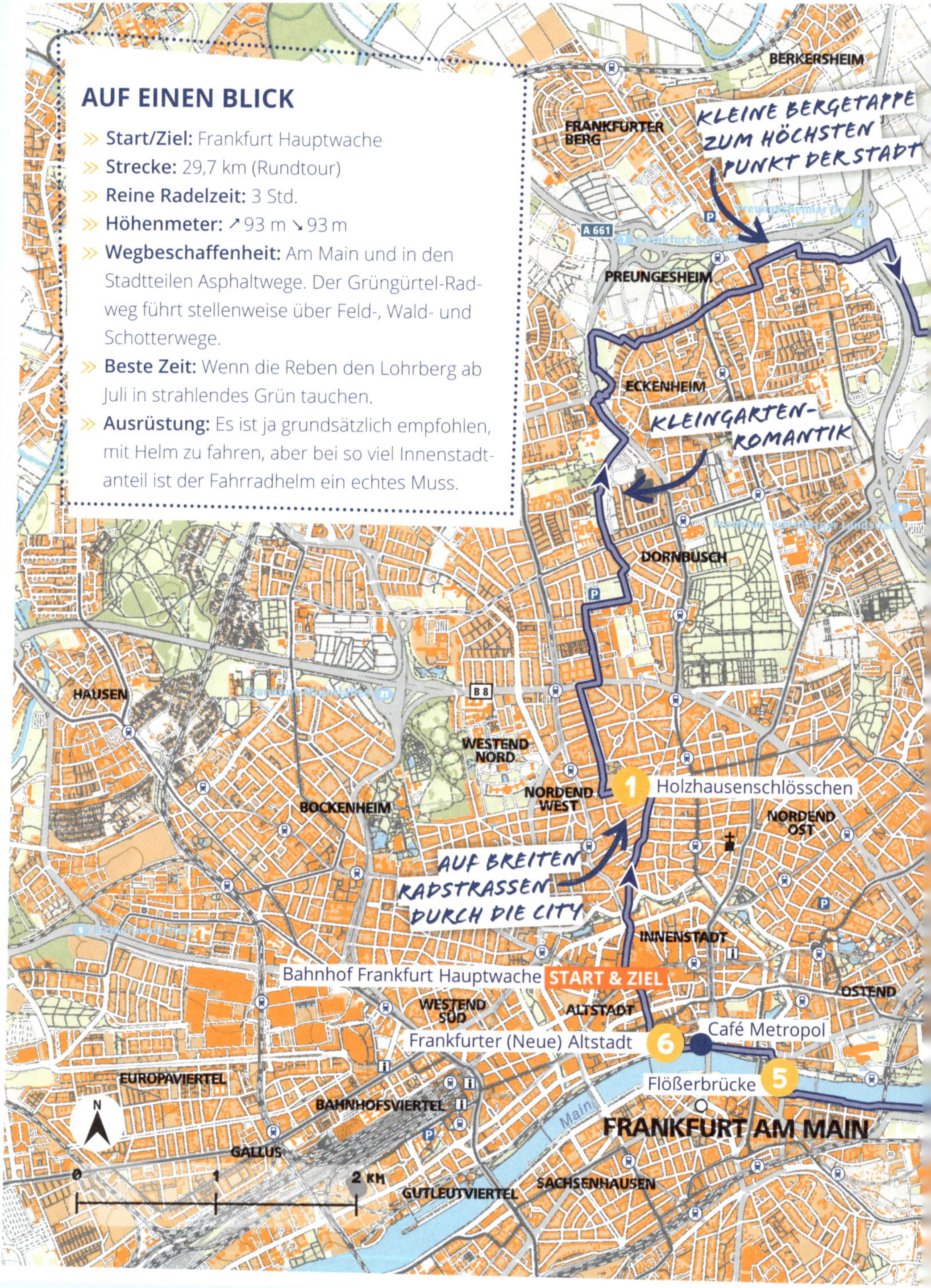

SIEDLUNG HEILSBERG
Feldbach
DOWNHILLSTRECKE FÜR MUTIGE
B 521
Schelmenburg
BERGEN-ENKHEIM
NSG
Riedteich
2 Lohrberg und Lohrberg-Schänke
3 Aussichtspunkt Riedteich
Bischofsheim
SECKBACH
A 66
Fechenheimer Weiher
B 8
NSG
Schultheis-Weiher
A 661
RIEDERWALD
RUMPENHEIM
Pagode Phat Hue
4 Fechenheim
KURZER AUSFLUG ÜBER DIE GRENZEN DER STADT
FECHENHEIM
Ostparkweiher
BÜRGEL
Main
K 818
B 43
Isenburger Schloss
OFFENBACH AM MAIN
OBERRAD

DIE RADELPAUSEN

>> START
Mainz Hauptbahnhof

KM 2
1 Zollhafen
Neubauviertel mit Hafenflair

KM 17
2 Rheinufer Heidenfahrt
Mach's wie die Möwen

KM 23
3 Sandlache
Urwald hinterm Fluss

17

IMMER STROM-ABWÄRTS

Von Mainz nach Bingen

Mit Neubauvierteln und Naturschutzgebieten, Nutzflächen für Landwirtschaft und dem Beginn des malerischen Mittelrheintals gehen auf Erkundungstour zwischen Mainz und Bingen die Erlebnisse nicht so schnell aus.

KM 25

4 Fähranleger Ingelheim
Von Ufer zu Ufer

KM 37

5 Rhein-Nahe-Eck
Romantisch übers Wasser schippern

KM 38,3 » ZIEL
Bingen Hauptbahnhof

NICHT NUR ERKLÄRTE FANS DER ROMANTIK …

» … verstehen, warum der Abschnitt des Rheins, der an der Mündung der Nahe bei Bingen beginnt und bei Koblenz endet, gemeinhin das Prädikat »romantisch« trägt. Paris, Verona, Mittelrhein: Wer einmal zwischen den mal steil, mal sanft abfallenden Hängen, den märchenhaften Burgen, Wäldern und Weinbergen unterwegs war, wundert sich über diese Aufzählung kein bisschen. Und den ersten Eindruck von der Region, die es zum UNESCO-Welterbe gebracht hat, verschafft eine Radtour nach Bingen allemal.

Die beginnt in der rheinland-pfälzischen Landeshauptstadt und folgt – ganz naheliegend – immer dem Rhein. Dessen Wasser plätschert wenige hundert Meter vom Mainzer Hauptbahnhof so entspannt vor sich hin, als wollte es einen besonders nachdrücklich daran erinnern, einen Gang runterzuschalten. Direkt an der schattigen Promenade führt ein Radweg unter Möwenrufen ins Neubauviertel am **Zollhafen**, dann geht's etwas abseits vom Fluss raus aus der Stadt, durchs ruhige Örtchen Budenheim und bald zurück in Richtung Wasser.

DER SCHÖNSTE AUGENBLICK: GANZ ENTSPANNT HINTERM DEICH ENTLANGROLLEN

Im Gegensatz zu vielen anderen Radrouten an Flüssen geht der Radweg zwischen Mainz und Bingen immer wieder auf Abstand: Statt kilometerlang über sonnige Uferwege geht es zwischen Deichen und Obstplantagen entlang, den Blick auf die Hügel Rheinhessens gerichtet. Mal grasen Schäfchen am Wegesrand, dann führt der Weg wieder zurück ans Ufer, etwa um im Biergarten am **Rheinufer in Heidenfahrt** ein Päuschen einzulegen. Das Naturschutzgebiet **Alte Sandlache** sorgt auch abseits vom Rhein dafür, dass man dem Wasser ganz nah kommt.

Ein Stück weiter am **Fähranleger Ingelheim** sorgen herrliche Fernblicke rüber in den Rheingau noch kurz vor der Finaletappe zum **Rhein-Nahe-Eck** für die Nahversion von Fernweh. Dass der Rhein ab hier auch nur noch selten mehr als ein paar Meter entfernt liegt, ist der beste Garant dafür, das Mittelrheintal vom ersten Moment an so richtig zu genießen. Die Sache mit der Romantik klärt sich dann automatisch. «

An der Promenade in Bingen sorgt eine bunt gestaltete Terrasse dafür, dass man die große weite Welt nicht aus den Augen verliert.

Unterwegs hinter den Dämmen am Rhein weiden Schafe und wachsen Obstbäume.

Für herrliche Blicke in den Rheingau sorgt neben dem Rebenmeer auch die Burgruine Ehrenfels im benachbarten Rüdesheim.

RADELN & GENIEẞEN

» START

Mainz Hauptbahnhof

Den Hauptbahnhof am Haupteingang verlassen, ein Stück links halten und über die Frauenlobstraße zum Rheinufer fahren. Dann links abbiegen und Promenade und Radweg folgen.

Was wohl stärker ist? Der Duft nach Freiheit oder der nach Pommes im Biergarten?

KM 2

1 Zollhafen

Neubauviertel mit Hafenflair

Städte kokettieren heutzutage mit historischen oder noch genutzten Häfen und schaffen dort mit neuen Vierteln In-Orte. Sei es an der Elbe, am Rhein oder am Main, mit alten oder modernen Hafenkränen. Der Mainzer Zollhafen mit seinen innovativen Bauten, bunten Hinterhöfen und schnieker Marina macht da keine Ausnahme. Ideale Beschäftigung für den Abstecher? Ein Fotostreifzug natürlich, bei dem sich der Zeitgeist der Architektur vor stahlblauem Himmel und schimmerndem Wasser besonders gut einfangen lässt.

Die kleine Brücke am Zollhafen passieren und hinterm Hafenbecken links abbiegen. Rechts auf den Radweg an der Rheinallee und dann den Radwegschildern nach Budenheim folgen.

Nach Verlegung des alten Mainzer Zollhafens ist hier ein Wohnviertel entstanden.

Für den Abstecher zur Sandlache lohnt es sich, ein Fernglas einzupacken.

KUNTERBUNTES HERBSTIDYLL

KM 23

3 Sandlache

Urwald hinterm Fluss

Dass direkt hinter der abgelegenen Wildnis einer der größten Ströme Europas liegen soll, ist im Idyll der Sandlache glatt zu vergessen. In dem Auengebiet mit seinen weitläufigen Wasserflächen hat seit Ende der 1970er Jahre die Tier- und Pflanzenwelt das Sagen. Es summt, singt und flattert in der Luft, hin und wieder lassen sich Reiher und andere Wasservögel auf einem der toten Baumstämme nieder, deren Äste weit verzweigt aus dem Wasser ragen. An dem kleinen Aussichtsturm ist der perfekte Platz, das Rad für einen Moment abzustellen und dann zu Fuß eine Runde auf Entdeckungstour zu gehen.

Zurück zum Radweg und erneut Richtung Bingen halten.

KM 17

2 Rheinufer Heidenfahrt

Mach's wie die Möwen

Möwe müsste man sein ... Den ganzen Tag hoch überm Wasser thronen, über einem Sonne und Wolken, und immer ein bisschen frischen Wind um den Schnabel, der ab und an den Geruch von Pommes aus dem Biergarten zu einem herüberweht. Doch anders als die Möwen braucht der Mensch keinen unbeobachteten Moment, um sich im Wein- und Biergarten am Rheinufer in Heidenfahrt zu sättigen, sondern holt sich das Gewünschte einfach an der Theke ab und setzt sich dann ans Ufer, um vor Wein, Limonade, Radler oder Currywurst Schiffe zu beobachten. Dazu vorbeiziehende Enten und Schwäne. Wer ein Picknick dabei hat, bezieht einfach vor dem Biergarten eine der schattigen Bänke direkt am Ufer.

Weiter auf dem Radweg Richtung Bingen.

Pause über allem: Der Hochsitz ist ein herrlicher Ort für ein Picknick.

Bei so vielen hübschen Ausblicken aufs andere Rheinufer wäre es doch eine verschenkte Gelegenheit, nicht überzusetzen.

VON FRÜH BIS SPÄT IM PENDELDIENST

KM 25

4 Fähranleger Ingelheim

Von Ufer zu Ufer

Dass die beiden Rheinufer gern mal in Konkurrenz zueinander stehen, liegt in der Natur des Flusses, der in seinem Verlauf immer wieder Grenzen zieht. Das Versöhnliche daran: Wer sich für eine Seite entscheidet, hat immer automatisch auf die andere den besten Blick – das ist auch zwischen Ingelheim auf der rheinhessischen Seite und Oestrich-Winkel im Rheingau nicht anders. Am Fähranleger des Stadtteils Frei-Weinheim hat man nun die Wahl, entweder einfach ein Päuschen einzulegen oder die Grenze zu überwinden und für einen Abstecher ins benachbarte Rheingau-Städtchen mit seinen vielen Weingütern und der entzückenden Uferpromenade überzusetzen. (www.rheinfaehre.de)

Dem Radweg Richtung Bingen weiter folgen.

KM 37

5 Rhein-Nahe-Eck

Romantisch übers Wasser schippern

Der Mäuseturm auf der einen Seite und die Burgruine Ehrenfels auf der anderen, die Nahemündung direkt vor der Nase und der blühende Hildegarten, der an die berühmte Nonne aus dem Mittelalter erinnert, im Rücken: Es gibt kaum einen besseren Ort für erste Eindrücke der faszinierenden Landschaft, die sich von hier 67 Kilometer Richtung Norden zieht. Seit 2002 ist der Rheinabschnitt zwischen Bingen und Koblenz UNESCO-Weltkulturerbe. Wer hier noch Zeit hat, stellt am besten das Rad ab und geht an Bord der Linienschiffe, die hier alle paar Minuten ablegen. (www.bingen-ruedesheimer.de)

Wenige Meter hinter der Nahebrücke führt eine Rampe zu den Gleisen des Hauptbahnhofs Bingen.

EXTRA INFOS:

Vor der Heimfahrt verstehen, warum Rheinhessen zu den wichtigsten Weinbaugebieten Deutschlands zählt? Dafür eignet sich ein Besuch des ● **Restaurants Vinothek** in Bingen, wo moderne Gerichte und Klassiker mit den passenden Weinen serviert werden. (www.vinothek-bingen.de)

KM 38,3 » ZIEL

Bingen Hauptbahnhof

Der Binger Mäuserturm hatte seinen Ursprung als Wachturm.

AUF EINEN BLICK

- » **Start:** Mainz Hauptbahnhof
- » **Ziel:** Bingen Hauptbahnhof
- » **Strecke:** 38,3 km (Streckentour)
- » **Reine Radelzeit:** 3 Std. 15
- » **Höhenmeter:** ↗ 12 m ↘ 17 m
- » **Wegbeschaffenheit:** Gut ausgebaute Radwege, stellenweise wenig Schatten.
- » **Beste Zeit:** Wenn im Spätsommer oder an milden Sommertagen die Sonne nicht mehr ganz so knallt.
- » **Ausrüstung:** Kamera oder Fotohandy für die Postkartenmotive, die am Mittelrhein warten.

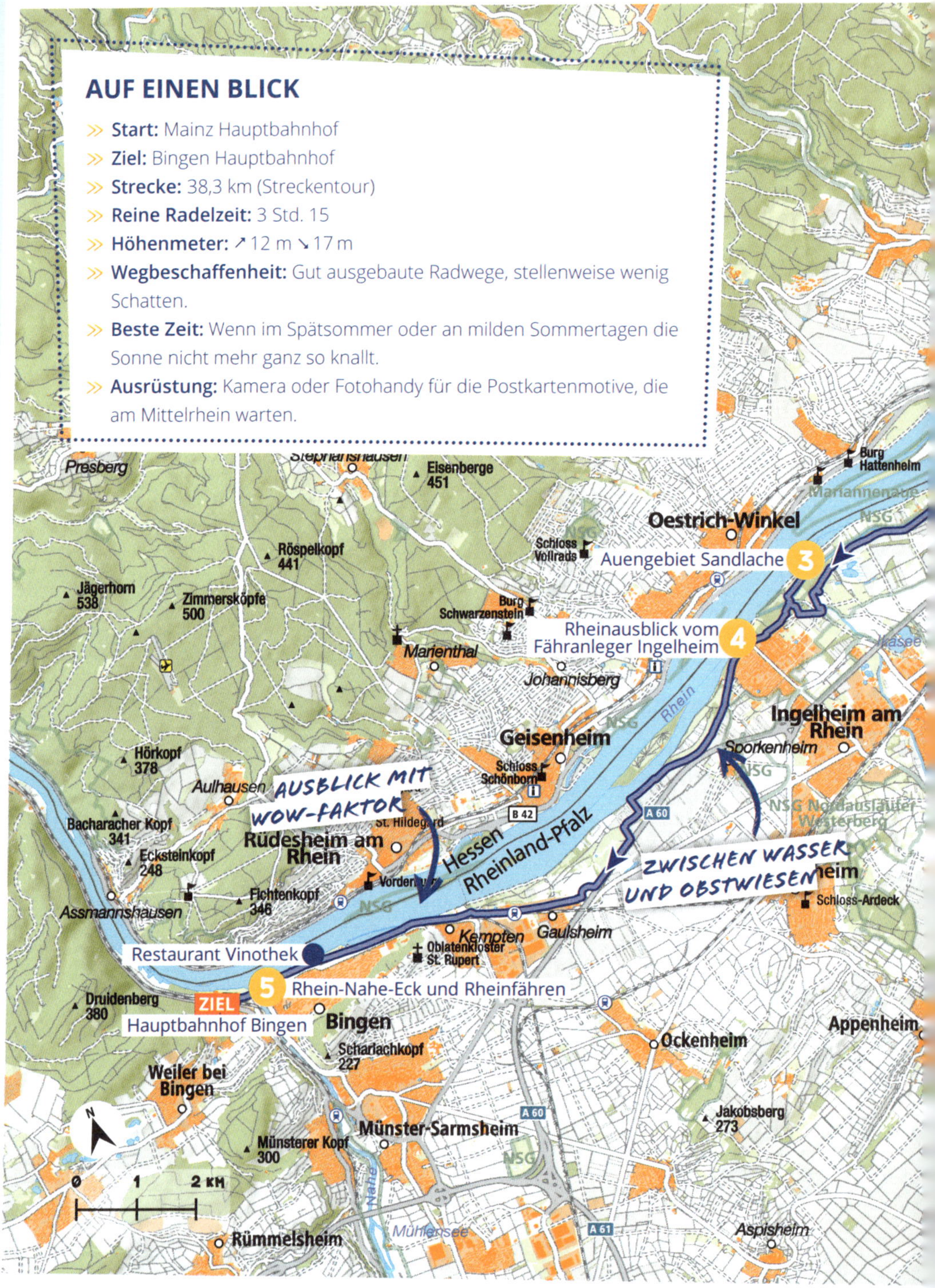

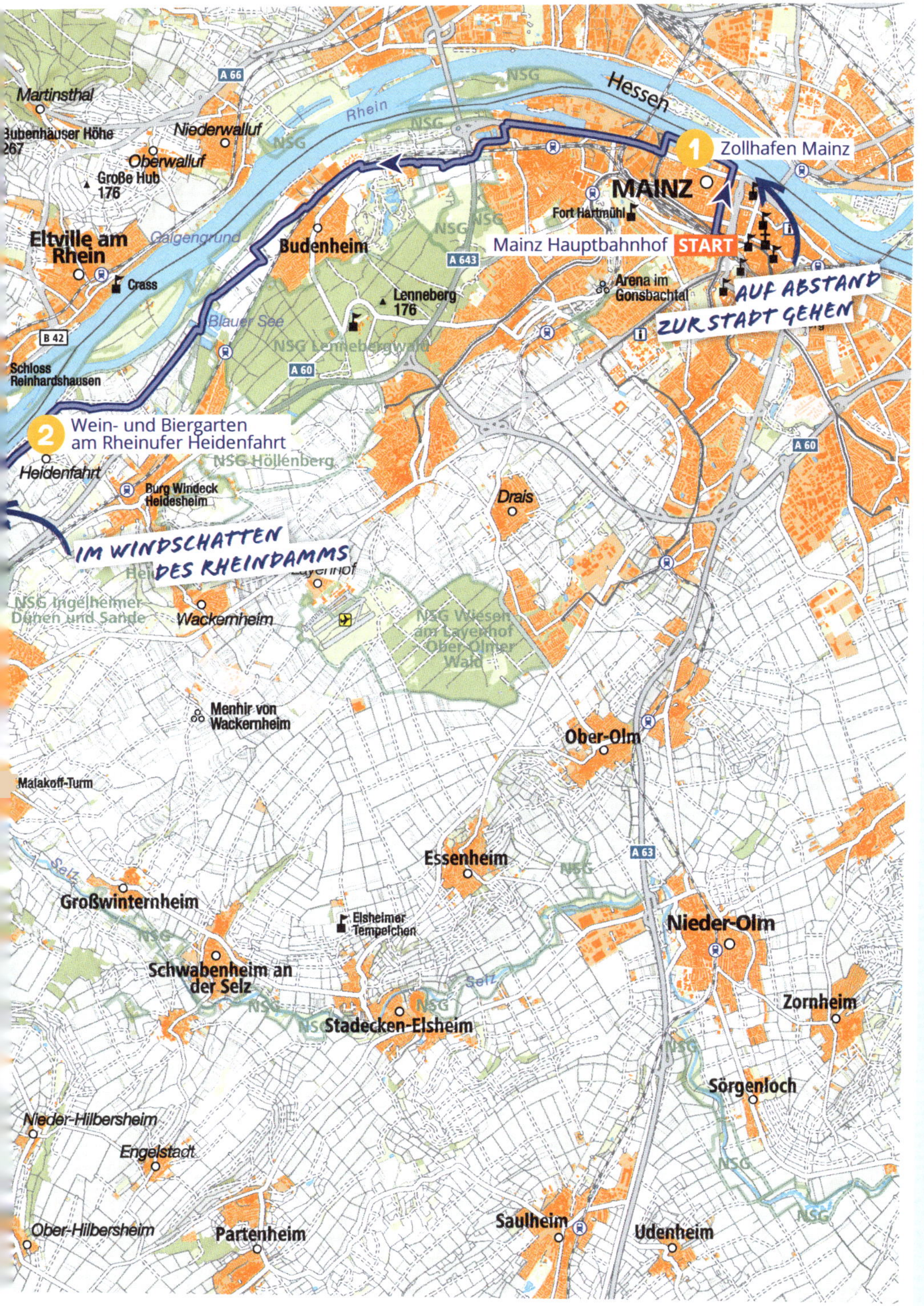

Zollhafen Mainz
Mainz Hauptbahnhof START
AUF ABSTAND ZUR STADT GEHEN
Wein- und Biergarten am Rheinufer Heidenfahrt
IM WINDSCHATTEN DES RHEINDAMMS
MAINZ
Hessen
Rhein
Martinsthal
Niederwalluf
Oberwalluf
Große Hub 176
Eltville am Rhein
Crass
Budenheim
Lenneberg 176
Blauer See
NSG Lennebergwald
Schloss Reinhardshausen
Heidenfahrt
NSG Höllenberg
Burg Windeck Heidesheim
Fort Hartmühl
Arena im Gonsbachtal
Drais
Wackernheim
NSG Ingelheimer Dünen und Sande
NSG Wiesen am Layenhof Ober-Olmer Wald
Menhir von Wackernheim
Malakoff-Turm
Ober-Olm
Essenheim
Großwinternheim
Elsheimer Tempelchen
Schwabenheim an der Selz
Stadecken-Elsheim
Nieder-Olm
Zornheim
Sörgenloch
Nieder-Hilbersheim
Engelstadt
Ober-Hilbersheim
Partenheim
Saulheim
Udenheim
Selz
A 66
A 643
A 60
A 63
B 42

DIE RADELPAUSEN

>> START
Bahnhof Erzhausen

KM 13
1 Grube Messel
Buddeln in der Vergangenheit

KM 18
2 Jagdschirm Kranichstein
Kurioses Geschichtsdenkmal

KM 21
3 Fasanerie
Lichtung als Picknickplatz

18

ZEITEN-WENDE

Im Norden von Darmstadt

Die Zeiten ändern sich, hinterlassen zum Glück aber auch immer wieder Spuren. Im Darmstädter Norden zeigen die sich in Form von Fossilien und alten Jagdsitzen, prächtigen Gärten und kreativer Architektur. Und manchmal schimmert auch der Zeitgeist durch.

KM 24
4 Herrngarten
Balanceakt und Leseplätzchen

KM 25
5 Waldspirale
Einen echten Hundertwasser bestaunen

KM 39,7 » ZIEL
Bahnhof Erzhausen

DER TAG BEGINNT MIT FAHRTWIND

» Auf dem glatten Straßenbelag, über den die Reifen nach nur wenigen Tritten in die Pedale förmlich fliegen, markieren grüne Symbole den Radler-Highway, einen der ersten fertigen Teile des Radschnellwegs zwischen Frankfurt und Darmstadt. Auf der kerzengeraden, steigungsarmen Strecke sollen Pendler:innen irgendwann in gut zwei Dritteln der bisherigen Zeit ohne große Anstrengung von einer Stadt zur anderen kommen, umweltschonend und trotzdem mit gut 20 Stundenkilometern.

Doch so praktisch der Schnellweg auch ist: Wer entdecken will, muss vom Weg abkommen, und fängt damit am besten direkt im Wald Richtung Messel an. Kurz vor der **Grube Messel** kommen als charmante Wegbegleiter aufs Pflaster aufgemalte Fossilien ins Spiel und weisen den richtigen Weg zum ersten Abstecher des Tages.

RADELFINALE: AUF DEN LETZTEN KILOMETERN AUF DEM RAD-HIGHWAY NOCHMAL RICHTIG GAS GEBEN!

Danach geht es erneut zurück in den Wald, wo im Darmstädter Stadtteil Kranichstein mit historischem **Jagdschirm**, schmucken Jagdschloss, Wildschutzgebieten und dem Obelisken der **Fasanerie** etliche Entdeckungen warten.

Als Kontrastprogramm führt der Weg dann in die Stadt und über Radwege erst in den bunt blühenden **Herrngarten**, der nicht nur dank der Studierenden der benachbarten Uni zu den beliebtesten Entspannungsorten der Stadt zählt.

Vorbei an der **Waldspirale**, einer der wohl ungewöhnlichsten Wohnanlagen des Landes, und dem Bürgerpark-Nord führen Radwege dann wieder Richtung Norden stadtauswärts.

Und dann endet der Tag, wie er begonnen hat. Über den Stadtteil Wixhausen geht es zurück auf die Schnellstraße für Radler:innen, und bei Sonne und Fahrtwind, mit Easy-Rider-Gefühlen und den Eindrücken aus Jahrtausenden im Gepäck zurück zum Bahnhof. «

Der Schnellweg soll irgendwann Frankfurt und Darmstadt als Radel-Autobahn verbinden.

Unterwegs nach Darmstadt kommt man in den Wäldern immer wieder an herrlichen Rastplätzen vorbei.

Um das barocke Jagdschloss Kranichstein verbrachte einst die hessische High Society ihre Freizeit.

RADELN & GENIEßEN

» START
Bahnhof Erzhausen

Auf dem Radschnellweg ein Stück Richtung Darmstadt halten, dann den Radwegschildern Richtung Messel in den Wald folgen.

Schon im 19. Jahrhundert wurden in der Grube Messel die ersten Fossilien und Knochen entdeckt.

KM 13

1 Grube Messel

Buddeln in der Vergangenheit

Wenn man auf der Aussichtsplattform hoch über der Landschaft steht, die Bergbau und paläontologische Forschungsarbeiten geprägt haben, braucht es etwas Fantasie, um sich eine Welt vorzustellen, wie sie im Bereich des Messel-Sees vor Millionen von Jahren ausgesehen haben mag. Im und am Wasser lebten Alligatoren, Riesenschlangen, Fische und Pelikane, an Land unzählige Insekten, Fledermäuse und eine ganze Reihe inzwischen ausgestorbener Säugetiere, von denen Modelle im Ausstellungsbereich des Besucherzentrums zu sehen sind. Wer lieber draußen bleibt, kommt zwar nicht näher an die spannende Grube heran, die immer wieder bei Grabungen Erstaunliches zutage bringt, dort warten aber spannende Experimentierstationen und Kunstwerke. (www.grube-messel.de)

Auf dem gleichen Weg vom Gelände der Grube Messel zurück zum Radweg und Beschilderung Richtung Darmstadt-Kranichstein folgen.

KM 18

2 Jagdschirm Kranichstein
Kurioses Geschichtsdenkmal

Im ersten Moment wirken die steinernen Mauern wirklich ein wenig wie Tarnung. Fast wäre man vorbeigefahren, der Gedanke beim näheren Hinsehen geht eher in Richtung: »Huch, wer hat denn diesen Steinhaufen wohl vergessen?« Dann siegt die Neugier, man steigt vom Rad, überquert die schmale Brücke und nimmt die Ermittlungen auf. Die von der Seite wie ein halbiertes Schlüsselloch anmutende Mauer mit den Schießscharten, Jagdschirm genannt, wurde errichtet, als noch Landgrafen im Jagdschloss Kranichstein residierten, und sollte die Jagd erleichtern. Heute ist er nicht nur eine kuriose Erinnerung an früher, sondern auch Kulturdenkmal.

Dem Radweg im Wald weiter folgen.

Im Wald bei Kranichstein leben noch heute zahlreiche Wildtiere.

KM 21

3 Fasanerie
Lichtung als Picknickplatz

In der Darmstädter Fasanerie wurde dem Oberlandforstmeister Georg Ludwig Hartig ein Denkmal gesetzt.

Zwei Dinge, die man im Wald eher selten sieht: Obelisken und Wegeführungen, die aussehen, als hätte man sie als Kreisverkehr geplant. Der zentrale Platz der Darmstädter Fasanerie mit Sitzbänken und vielen Informationstafeln bietet beides. Und damit einen guten Grund für eine Pause, um das alles auf sich wirken zu lassen. Infotafeln, die das Land Hessen zu Themen wie Nachhaltigkeit und Forstwirtschaft aufgestellt hat, sind garantiert lehrreich.

An der »Kreuzung« am Obelisk geradeaus Richtung Darmstadt halten und über Im Emser, Schwarzer Weg und Kranichsteiner Straße Richtung Stadt.

Balanceprobe: Rad abstellen und Slackline installieren.

Von den rund 1000 Fenstern der Gebäude der Waldspirale sieht kaum eins wie das andere aus.

KM 24

4

Herrngarten

Balanceakt und Leseplätzchen

Der Prinz-Georg-Garten in direkter Nachbarschaft des Herrngartens ist einer der buntesten Orte der Tour.

Klar gibt es einiges, was man an einem sonnigen Tag in Darmstadts ältestem Park erleben kann: im Prinz-Georg-Garten flanieren, beim Spaziergang am Teich beobachten, wie das Laub sich im Wasser spiegelt, oder sich mit einem Schmöker in den Schatten verziehen. Ideal ist der Park aber vor allem für all jene, sie sich mal im Slacklining ausprobieren wollten, wo man wenige Zentimeter über dem Boden auf einem elastischen Band seine Körperbeherrschung trainiert. Wer eine Slackline mitbringt, findet zum Schutz der gern genutzten Bäume im Nordwesten des Parks eine Anlage mit mehreren Pfosten, an denen man festmachen und drauflostrainieren kann. Alternativ: entspannt dabei zugucken, wie andere ums Gleichgewicht ringen.

Den Herrngarten in nördliche Richtung verlassen und an Schloßgartenplatz und Friedrich-Ebert-Platz vorbei zur Waldspirale strampeln.

KUNST AM WOHNUNGSBAU

KM 39,7 » ZIEL
Bahnhof Erzhausen

KM 25

5 Waldspirale

Einen echten Hundertwasser bestaunen

Vor den Architektur-Kreationen des österreichischen Künstlers Friedensreich Hundertwasser will man sich erstmal die Augen reiben. Ist das sein Ernst? Das ist bunt, das ist schief, das ist kreativ – und meistens sogar noch irgendwie praktisch. Und gerade in Darmstadt geht vor lauter Jugendstil gerne mal unter, dass eines der Meisterwerke des gebürtigen Wieners im Norden der Stadt steht und seit seiner Fertigstellung im Jahr 2000 ein paar hundert Bewohner:innen ein buntes, ganz und gar einzigartiges und ziemlich beneidenswertes Zuhause ist.

Über die Alsfelder Straße vorbei am Bürgerpark über den Radweg stadtauswärts Richtung Arheilgen, dann Richtung Wixhausen halten und zurück auf den Radschnellweg.

Den Namen Waldspirale trägt der Komplex mit seinen 105 Wohnungen wegen seiner auffälligen Form.

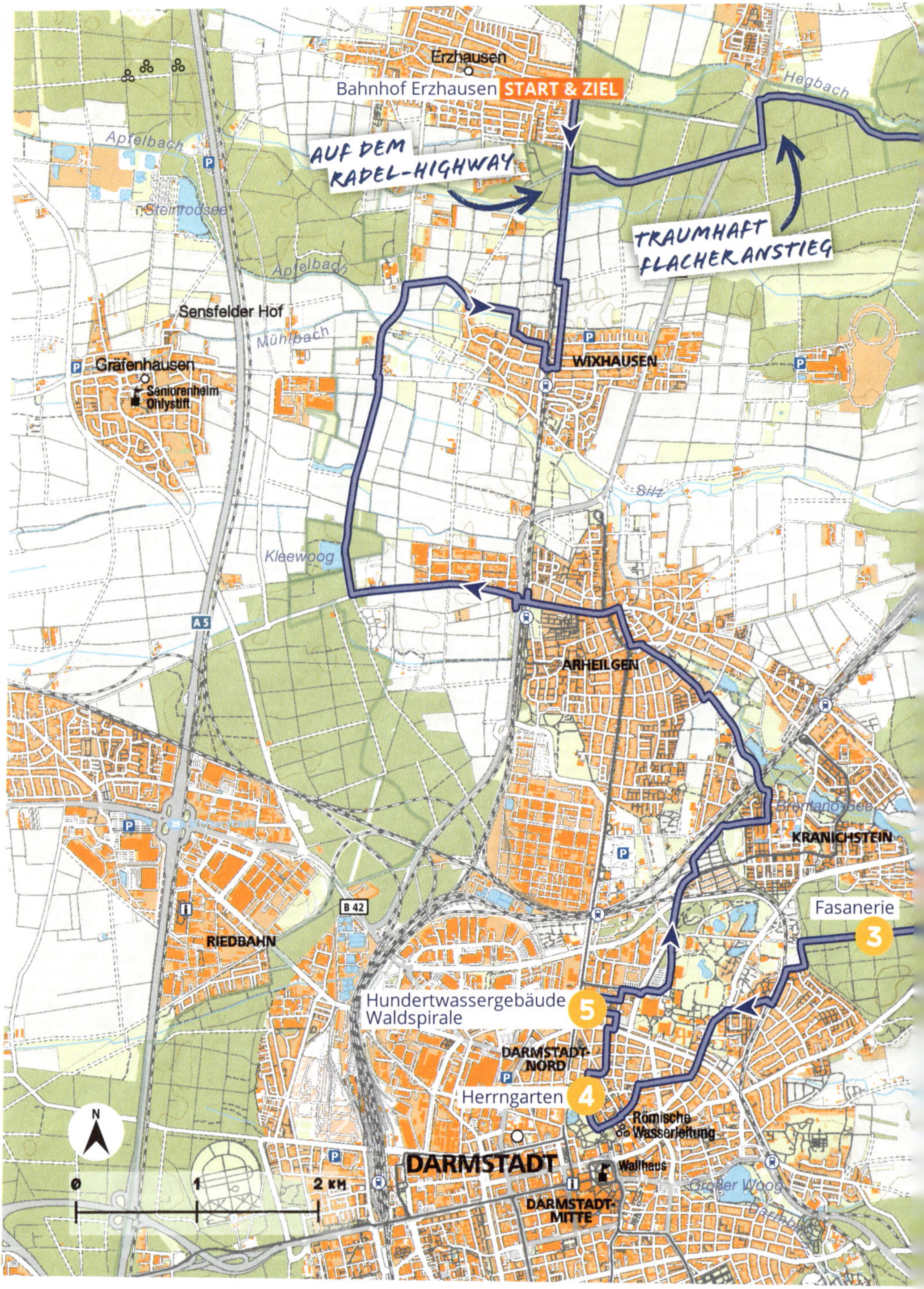
Erzhausen
Bahnhof Erzhausen
START & ZIEL
Hegbach
Apfelbach
Steinrodsee
AUF DEM RADEL-HIGHWAY
TRAUMHAFT FLACHER ANSTIEG
Apfelbach
Sensfelder Hof
Mühlbach
WIXHAUSEN
Gräfenhausen
Seniorenheim Ohlystift
Silz
Kleewoog
A 5
ARHEILGEN
Brentanosee
KRANICHSTEIN
B 42
Fasanerie
3
RIEDBAHN
Hundertwassergebäude Waldspirale
5
DARMSTADT-NORD
Herrngarten
4
Römische Wasserleitung
DARMSTADT
Wallhaus
Großer Woog
DARMSTADT-MITTE
N
0
1
2 KM

AUF EINEN BLICK

- **Start/Ziel:** Bahnhof Erzhausen
- **Strecke:** 39,7 km (Rundtour)
- **Reine Radelzeit:** 3 Std. 45
- **Höhenmeter:** ↗ 66 m ↘ 66 m
- **Wegbeschaffenheit:** Größtenteils Waldwege, ruhige Radwege und Straßen in der Stadt.
- **Beste Zeit:** Wenn der Wald gegen Ende September langsam Herbstfarben annimmt.
- **Ausrüstung:** Picknick für unterwegs, eigene Slackline oder gutes Buch.

DIE RADELPAUSEN

» START
Bahnhof Friedberg

KM 10
1 Bergwerksee Reichelsheim
Entspannt auf dem Wiesensofa

KM 17
2 Bingenheimer Ried
Vogelschau

KM 23
3 Schwelteich von Echzell
Von Bergbau keine Spur mehr

19

BUNTES SEEN-QUARTETT

An der Wetterauer Seenplatte

Die fruchtbare Wetterau mit ihren weiten Feldern und Streuobstwiesen gehört nicht nur im Sommer zu den buntesten Flecken im Rhein-Main-Gebiet. Einige der knalligsten Herbstfarben zeigen sich sogar da, wo man sie am wenigsten erwartet.

KM 25
4 Wölfersheimer See
Drachen steigen lassen

KM 38
5 Schwalheimer Rad
Meisterwerk der Technik

KM 42
6 Rosentalviadukt
Unten durch!

KM 43,6 » ZIEL
Bahnhof Friedberg

EIN GARANT FÜR FARBE IM LEBEN …

» … ist die grüne Wetterau zwar zu jeder Jahreszeit – ihre Höchstform erreicht die Region aber im Herbst. Wenn der Duft reifer Früchte noch zu erahnen ist, die ersten Zugvögel mit ihren Rufen auf sich aufmerksam machen und ein Lüftchen übers flache Land fegt, wird aus der idyllischen Landpartie das reinste Fest für die Sinne. Eins, bei dem man die Natur quasi kaum einen Moment aus den Augen verliert, einfach weil nichts anderes eine große Rolle spielt.

Das beginnt bereits wenige hundert Meter, nachdem man den Ausgangspunkt am Bahnhof Friedberg hinter sich gelassen hat und auf die Felder eingebogen ist. Der Weg führt in eine Landschaft, der erst in den letzten Jahrzehnten der klingende Name Wetterauer Seenplatte verliehen wurde. Was nach Naherholung und Naturidyll klingt, war lange Zeit ein wenig einladender »Kohlenpott«: Bis in die frühen 1990er Jahre wurde in der Wetterau noch Braunkohle abgebaut.

ERDEND: WENN MAN EIN STÜCK VON ZUGVÖGELN BEGLEITET WIRD

Dass die Seen und Teiche, über ein Dutzend zwischen Hungen im Norden und Reichelsheim im Süden, nicht natürlichen Ursprungs sind, verrät der erste der Tour bereits im Namen: Am **Bergwerksee** bei Reichelsheim erinnern Schilder und Kunst am Wegrand an die Entstehung des Naturparadieses, dessen blaue Wasseroberfläche sich gegen die Herbstfarben abhebt. Die naturbelassenen Radwege führen durch die Landschaft des **Bingenheimer Rieds** über Echzell direkt zum nächsten Naturschutzgebiet, dem **Schwelteich von Echzell**.

Am größten See der Seenplatte, dem 38 Hektar großen **Wölfersheimer See**, heißt es zwar Abschied nehmen von der Seenlandschaft, am Wasser bleibt man dank der Wetter und der Usa aber dennoch. Vor Bad Nauheim überquert man den namensgebenden Fluss des Kreises zum zweiten Mal an diesem Tag und folgt seinen Schleifen bis zum historischen **Schwalheimer Rad**, bevor es vorbei an den Bad Nauheimer Gradierbauten und den großen Bögen des Friedberger **Rosentalviadukts** zurück Richtung Friedberger Bahnhof geht. «

Die kleine Michaeliskirche in Bauernheim ist eins der vielen schönen Fundstücke entlang der Route.

Ganz entspannt durch die Landschaft rollen funktioniert in der flachen Wetterau bestens.

Typisch für die Region: Bäume, die wie kreative Bordüren entfernte Straßenzüge säumen.

RADELN & GENIEßEN

» START
Bahnhof Friedberg

Vorm Friedberger Bahnhof Straße überqueren und nach links auf den Radweg und durch den Tunnel fahren. Hinter der Usa-Mündung geht es links und nach wenigen Metern rechts in die Felder, von hier weisen Schilder nach Bauernheim.

Wenn nicht überall an die Entstehung der Wetterauer Seen erinnert würde, könnte man die Bergbausache glatt vergessen.

KM 10

1 Bergwerksee Reichelsheim

Entspannt auf dem Wiesensofa

Sitzen und genießen ... Am Bergwerksee lässt es sich aushalten.

Wer es sich auf dem Natursofa bequem gemacht hat, die Beine lang ausgestreckt, Proviant und Snacks neben sich ausgebreitet, kann am Bergwerksee problemlos Stunden verbringen. Einfach nur entspannen und sich vom stahlblauen Wasser faszinieren lassen, während immer wieder Vögel das Naturparadies ansteuern, dessen Entstehung durch den Bergbau heute nur noch im Namen erkennbar ist. Und dank der kunstvoll gestalteten Metallstelen, die längs des Rundwanderwegs an die Wetterauer Bergbautradition erinnern.

Zurück zum Radweg und über Weckesheim Richtung Bingenheimer Ried.

Durch das Bingenheimer Ried ziehen sich viele kleine Kanäle und Wasserstraßen.

KM 17

2 Bingenheimer Ried
Vogelschau

Wie groß die Chancen sind, in dem 85 Hektar großen Naturschutzgebiet zwischen Reichelsheim und Wölfersheim etwas zu verpassen, zeigt sich, noch bevor man einen genauen Blick hineingeworfen hat – und zwar in Gestalt der Naturbegeisterten, die einem immer wieder entgegenkommen. Sie tragen Ferngläser und Tele-Objektive an Kameras montiert mit sich herum, als wäre die nächste Sensationssichtung gerade um die Ecke. Vielleicht ist sie das sogar, denn das Bingenheimer Ried, das seit Mitte der 1980er Jahre als Schutzfläche ausgewiesen ist, ist eines der wichtigsten Naturschutzgebiete Hessens. Ein echtes Paradies für Vögel, Kröten, Käfer und Libellen. Also: Nichts wie rauf auf die Aussichtsplattform und Augen auf!

Dem Radweg und den Beschilderungen zur Wetterauer Seenplatte weiter folgen.

KM 23

3 Schwelteich von Echzell
Von Bergbau keine Spur mehr

Kein klassischer Bergbausee und dennoch Zeuge der industriellen Vergangenheit ist der Schwelteich, der heute nur über den langgezogenen Biedrichsgraben mit der östlich verlaufenden Horloff verbunden ist. Angelegt wurde das heutige Naturschutzgebiet ursprünglich, um teerhaltiges Kühlwasser aus der Wölfersheimer Kohleverarbeitung abzuleiten, was seinerzeit Wasservögeln, Fischen und Amphibien die Freude am Vollbad wohl ganz schön vermiest hat. Heute schützt ein dichter Uferbewuchs aus Büschen und Bäumen die Teichbewohner, nicht selten verirren sich sogar Fische aus anderen Gewässern hierher, die regelmäßig abgefischt und wieder umgesiedelt werden. Ausgiebig mittenrein ins Naturparadies schauen kann der neugierige Mensch gerade im Herbst jedoch herrlich.

Weiter auf dem Radweg Richtung Wölfersheimer See.

Als Ort für einen Mini-Stopp kündigt der Schwelteich Großes an. Der größte See der Gegend ist nah!

Wo Wasserpflanzen und Schilf sich im Wind wiegen, kann man auch ruhig mal den Drachen tanzen lassen.

KM 25

4

Wölfersheimer See

Drachen steigen lassen

Das Schönste in der flachen Landschaft der Wetterau? Dass der Wind hier noch so richtig ungestört übers Land fegen kann, hier und da Windräder in Bewegung bringt und auch perfekte Bedingungen schafft, um mal wieder ganz in den Kindheitsmodus zu schalten. Wer die Windprognosen gecheckt und den Lenkdrachen im Gepäck hat, für den schafft der Wölfersheimer See die perfekten Voraussetzungen, mit Blick aufs glitzernde Wasser eine Runde abzuheben. Dann wird der Wind am größten der Wetterauer Seen nicht nur um die Nase spürbar, sondern auch in den Fingerspitzen, die sich erstmal wieder ans nötige Gefühl beim Lenken gewöhnen müssen. Wer ohne Drachen unterwegs ist, stellt einfach so das Rad ab und macht sich an den grünen Ufern auf eine Spaziertour am Wasser.

Ein Stück weiter am See entlangfahren, dann rechts Richtung Wölfersheim abbiegen und dem Radweg nach Bad Nauheim folgen.

KM 38

5

Schwalheimer Rad

Meisterwerk der Technik

Mit einem stolzen Alter von fast 300 Jahren, einem Durchmesser von fast zehn Metern und einer Eintragung als Kulturdenkmal kann so ein Wasserrad schon anständig beeindrucken. Wenn man sich dann noch ein bisschen von Technikgeschichte begeistern lässt, wird der Abstecher ans Ufer der Wetter im Bad Nauheimer Stadtteil Schwalheim ein echtes Lehrstück. Denn in der Wetterau wurde nicht nur Braunkohle gewonnen, sondern seit vielen Jahrhunderten auch Salz. Und um das komplexe und damals noch mehrere Kilometer lange Salinensystem mit frischer Sole zu versorgen, gab es in der Hochzeit der Bad Nauheimer Salzproduktion Wasserräder, deren Aufgabe es war, die oft hunderte Meter entfernte Pumpstation zu betreiben. An das einzige erhaltene kommt man noch heute ganz nah ran.

Weiter Richtung Bad Nauheim und hinter den Gradierwerken links Richtung Friedberg halten.

Länger bleiben: Direkt gegenüber des Wasserrads liegt ein Spielplatz mit überdachtem Picknickplätzchen.

In einem mystischen Wäldchen am Wölfersheimer See zeigt sich der Herbst besonders schön bunt.

EXTRA INFOS:

Wer Naturerlebnis mit einem kleinen Städtetrip verbinden will, macht einen Zwischenstopp in Bad Nauheim und bleibt im hübschen ● **Boutique-Hotel K7** unweit von Kurpark und Gradierbauten (https://hotelk7.de).

KM 42

6 Rosentalviadukt

Unten durch!

KM 43,6 » ZIEL

Bahnhof Friedberg

Noch mehr Industriegeschichte bietet das Rosentalviadukt, die um 1850 in Betrieb genommene Eisenbahnbrücke. Die steinernen Bögen, die der Volksmund auch gern »24 Hallen« nennt, faszinieren einfach bei jedem Besuch. Sie sorgen dafür, dass man eigentlich immer wieder aufs Neue auf Fotostreifzug gehen will. Daran kann die parallel verlaufende Betonbrücke, die den Brücken-Job in den 1980er Jahren übernommen hat, nichts ändern. Stattdessen sorgt die eher dafür, dass man die Schönheit ihrer historischen Vorgängerin noch etwas mehr zu schätzen weiß.

Viadukt unterqueren und links halten. Über die Alte Bahnhofstraße geht es zurück zum Friedberger Bahnhof.

Nix da mit Abriss! Das alte Viadukt wird zwar längst nicht mehr befahren, bleibt aber glücklicherweise weiter erhalten.

AUF EINEN BLICK

- **Start/Ziel:** Bahnhof Friedberg
- **Strecke:** 43,6 km (Rundtour)
- **Reine Radelzeit:** 4 Std.
- **Höhenmeter:** ↗ 86 m ↘ 86 m
- **Wegbeschaffenheit:** Viele naturbelassene Radwege, wenig Schatten. Nach Regenzeiten großes Matschpotenzial.
- **Beste Zeit:** Wenn der Herbst Farbe ins Spiel bringt.
- **Ausrüstung:** Picknick für unterwegs. Lenkdrachen.

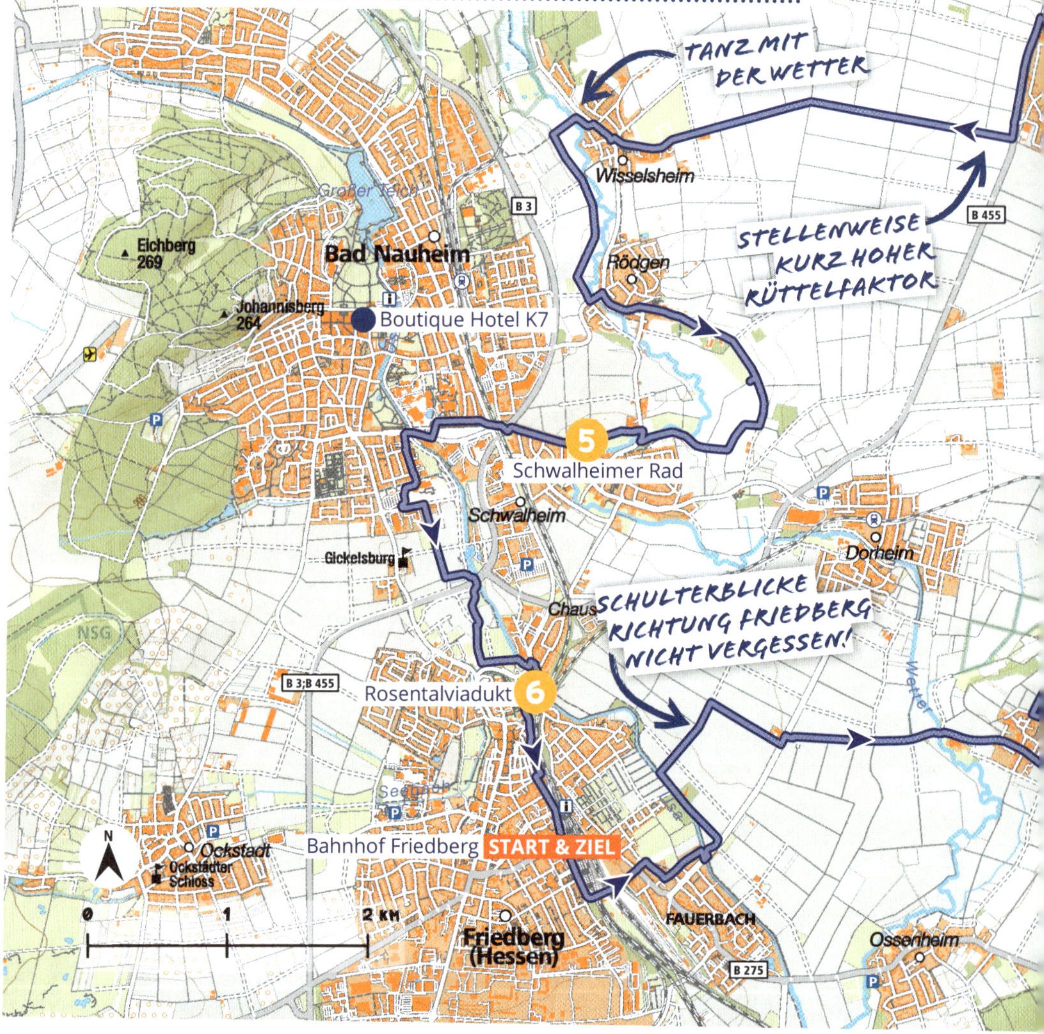

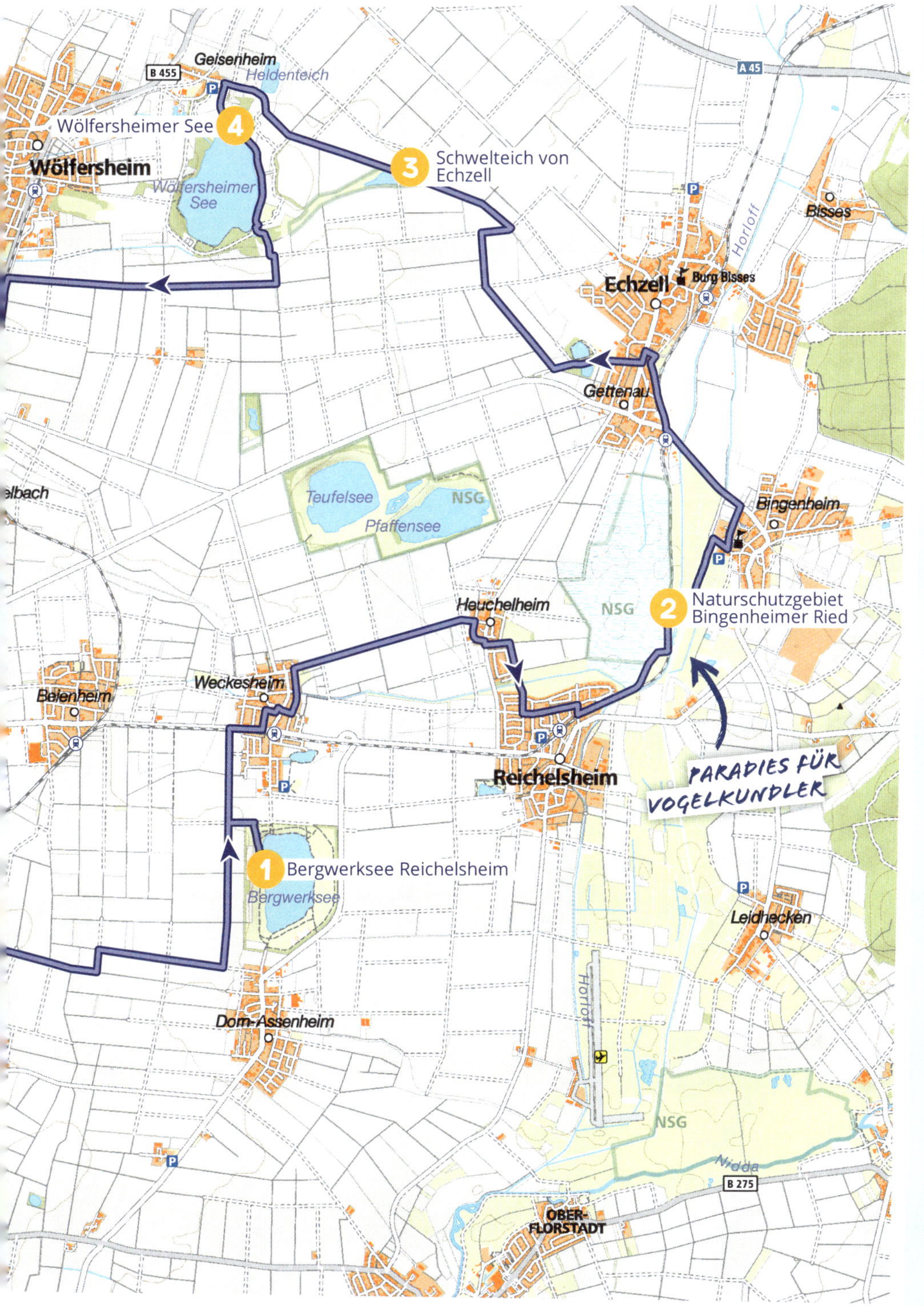

Geisenheim
Heldenteich
B 455
A 45
Wölfersheimer See
4
Wölfersheim
Wölfersheimer See
3
Schwelteich von Echzell
Bisses
Horloff
Echzell
Burg Bisses
Gettenau
elbach
Teufelsee
NSG
Pfaffensee
Bingenheim
Heuchelheim
NSG
2
Naturschutzgebiet Bingenheimer Ried
Weckesheim
Beienheim
Reichelsheim
PARADIES FÜR VOGELKUNDLER
1
Bergwerksee Reichelsheim
Bergwerksee
Leidhecken
Horloff
Dorn-Assenheim
NSG
Nidda
B 275
OBER-FLORSTADT

DIE RADELPAUSEN

» START
Bahnhof Hanau West

KM 1
1 Café Bricks
In Ruhe frühstücken

KM 14
2 Hirzwald
Ein Hauch von Urwald

KM 18
3 Mittelbuchen
Picknick mit Rundumblick

20

KONTRAST-PROGRAMM

Im Norden von Hanau

Als einer der wichtigsten Industriestandorte in der Region ist Hanau sicher nicht das naheliegendste Ziel für eine Radtour im Grünen. Umso überraschender können die großen und kleinen Sehenswürdigkeiten sein, die zwischen Kinzigmündung, Urwaldgebiet und Schlosspark warten.

KM 23

4 Römischer Grabhügel
Gruß aus der Vergangenheit

KM 24

5 Wilhelmsbad
Der Geist vergangener Jahrhunderte

KM 27

6 Schlosspark Philippsruhe
Flanieren mit Mainblick

KM 28,3 » ZIEL

Bahnhof Hanau West

GEGENSÄTZE ZIEHEN SICH AN

» Und gerade an Orten, an denen man es nicht erwartet, sorgen sie immer wieder für Erstaunliches. Paradebeispiel? Hessens sechstgrößte Stadt Hanau, die nicht zuletzt wegen ihres Mainhafens und der damit verbundenen Industriekultur als wenig malerisch gilt. Umso spannender kann es sein, in die Vielfalt der Gegensätze einzutauchen und sich einfach mal selbst ein Bild zu machen …

Los geht's am **Bahnhof Hanau West**, der zwischen grünem Mainufer und wuseliger Innenstadt der zentrale Ort ist, um die Stadt per Bahn zu erreichen. Mittenrein, erst zum Marktplatz, dann in die Altstadt führen Radwege, die einen nach einem kurzen Abstecher im **Café Bricks** schnell ans grüne Ufer der Kinzig und von hier an den Rand der Stadt bringen. Die umschließt mit dem »Grünen Ring« ein gut 60 Kilometer langer Radweg, der sehr bewusst Natur und Menschgemachtes verbindet. Immer wieder führt der Weg über, unter und entlang von Schnellstraßen und Gleisen, doch das Grundrauschen der Stadt tritt neben kleinen Seen und Naturschutzgebieten wie dem urwaldartigen **Hirzwald** immer wieder in den Hintergrund.

DIE KNORRIGEN BÄUME IM HIRZWALD LASSEN DIE STADT GANZ WEIT WEG ERSCHEINEN

Rund um das nördliche **Mittelbuchen** wartet dann der nächste Kontrast. Der außerhalb gelegene Stadtteil sorgt mit Landschaftsausblicken Richtung Wetterau und Spessart und historischen Fachwerkbauten für Landidyll am Rand der Großstadt. Nach einem kurzen Abstecher in den Maintaler Stadtteil Wachenbuchen geht's durch den Hirzwald, vorbei an einem **Römischen Grabhügel** zurück Richtung Kernstadt, zu der der historische Staatspark **Wilhelmsbad** den idealen Übergang schafft.

Die letzte Etappe zum Mainufer führt dann über den Bahnradweg Hessen, der auf ehemaligen Bahntrassen die Main-Kinzig-Stadt mit dem Hohen Vogelsberg verbindet, heute aber vor allem der entspannteste Weg zurück ist. Zwischen prächtiger Pforte zu Schloss und Amphitheater, gepflegtem **Schlosspark Philippsruhe** und Mainufer flaniert man zum Abschied von der vielseitigen Stadt an einem ihrer schönsten Orte, schwingt sich dann wieder aufs Rad, um dem Main zur Kinzigmündung und die paar Meter zum Bahnhof zu folgen. «

RADELN & GENIEẞEN

Eine Runde Sighsteeing gefällig? Neben dem Café ist das Museum Deutsches Goldschmiedehaus.

» START
Bahnhof Hanau West

An der Bahnhofsunterführung dem Schild Richtung Innenstadt folgen und am Markt mit der auffälligen Brüder-Grimm-Statue links auf die Fahrstraße Richtung Altstadt abbiegen.

KM 1

1 Café Bricks
In Ruhe frühstücken

Der beste Start für einen Tag an der frischen Luft? Ein ausgiebiges Frühstück mit leckeren Heißgetränken natürlich, die dafür sorgen, dass Körper und Seele gleich mit ein bisschen mehr Elan ins Abenteuer starten. Ein guter Ort dafür, der dank Blümchencouch vorm Eingang unter der gestreiften Markise kaum zu übersehen ist: das Café Bricks direkt am Altstädter Markt. Entweder draußen mit Blick auf die malerische Fachwerkfassade des Museums nebenan oder drinnen im Dschungel-Interieur gibt es neben einer großen Kaffeeauswahl so ziemlich alles, was ein modernes Bistro braucht: frisch gebackene Kuchen, Waffeln, Toast mit Spiegelei und bunte Bowls. (www.instagram.com/bricks_coffee.with.friends)

Der Straße weiter folgen bis zum Schlossplatz. Hier rechts Richtung Kinzig halten, links über die Brücke und auf dem Radweg am Fluss stadtauswärts fahren. Hier beginnt auch die Beschilderung des Grünen Rings Hanau.

Geht's noch gemütlicher? Allenfalls im Innenraum mit vielen Grünpflanzen.

KM 14

2 Hirzwald
Ein Hauch von Urwald

Was zwischenzeitlich schier undenkbar erschien, liegt beim heutigen Wissensstand zu Umweltschutz und modernem Forstwesen voll im Trend: Den Wald auch einfach mal in Ruhe lassen. In einem Hanauer Naturschutzgebiet wird seit Anfang des Jahrtausends genau das gemacht, der Hirzwald hat sich in den gut zwei Jahrzehnten, die seitdem vergangen sind, schon ein wenig zum Urwald gemausert. Während Sonnenstrahlen durch die lichter werdenden Baumkronen auf den Waldboden fallen, ist der Herbstwald nicht nur einer der schönsten Streckenabschnitte der Tour, sondern auch ein toller Ort, um auf Naturerkundung zu gehen.

Dem Radweg und der Grüner-Ring-Beschilderung Richtung Mittelbuchen folgen.

Mit Ausblicken auf die historische Handelsstraße Hohe Straße und die Landschaft ringsum, ist außerhalb von Mittelbuchen der perfekte Pausenplatz.

KM 18

3 Mittelbuchen
Picknick mit Rundumblick

Es gibt Orte, da kommt nach Kilometern ohne Pausenplätzchen eine Sitzbank ganz recht, und es gibt solche, die scheinen für Pausen gemacht zu sein, selbst wenn die letzte noch gar nicht so lange her ist. Der Aussichtspunkt Mittelbuchen liegt irgendwo in der Mitte, denn langsam aber sicher hat man hier am Grünen Ring Hanau wirklich eine Stelle erreicht, an der der Faktor Grün so richtig zur Geltung kommt. Hier oben warten Rundumblicke auf die Landschaft des Main-Kinzig-Kreises, die mit der baumgesäumten Hohen Straße an die Wetterau grenzt, über Felder und Windparks, während in der Ferne Spessart und Vogelsberg erkennbar sind. Großartig, diese Sitzbank, zumal an Tagen, an denen man sich einfach ganz entspannt jede Auszeit gönnt, die sich bietet.

Den Schildern des Bahnradwegs Hessen in den Ort folgen und hinterm Obertor auf die Alte Rathausstraße einbiegen. An der T-Kreuzung rechts abbiegen, nach wenigen Metern erneut rechts über die Kilianstädter Straße zurück auf den Grünen Ring.

Licht- und Schattenspiele schaffen in der wilden Natur eine traumhafte Stimmung.

KM 23

4 Römischer Grabhügel

Gruß aus der Vergangenheit

Man muss schon zweimal hinsehen, um zu begreifen, dass man es bei der niedrigen, über und über mit Gras bewachsenen Erhebung streng genommen mit einem historischen Ausnahmefund zu tun hat. Bereits Ende des 19. Jahrhunderts entdeckten Archäologen den knapp 20 Meter breiten römischen Grabhügel, der bei Grabungen eine Kiste aus Sandstein mit Asche und verbrannten Scherben sowie eine antike Öllampe zutage brachte. Heute erzählt eine Informationstafel die Geschichte, dunkle Holzbalken auf dem Boden sorgen dafür, dass Radelnde, die nicht wissen, woran sie hier gerade vorbeirollen, aufmerksam und neugierig werden.

Dem Radweg Richtung Wilhelmsbad weiter folgen.

DA WÄCHST GRAS DRÜBER

Dass die Gegend schon seit Jahrtausenden bewohnt ist, daran erinnern immer wieder Kelten- und Römerfunde.

Viele Orte in Wilhelmsbad erzählen Geschichten vom Initator des Parks, Wilhelm I. von Hessen-Kassel.

KM 24

5

Wilhelmsbad

Der Geist vergangener Jahrhunderte

Mit einem historischen Theater, einem jahrhundertealten Karussell, das an einigen Tagen im Jahr sogar in Betrieb ist, einem prächtigen alten Kurhaus, einer künstlichen Burgruine und einer Pyramide ist Wilhelmsbad einer der Orte, an denen man das Hanau des 18. und 19. Jahrhunderts noch immer spüren kann. Dass man angekommen ist, verrät schon vor der Einfahrt zum weitläufigen Park der Bismarckturm, der immer wieder zwischen Baumwipfeln herausragt.

Den Park in Richtung Bahnhof Wilhelmsbad verlassen und der Burgallee bis zum Schluss folgen.

In früheren Jahrhunderten diente Wilhelmsbad als Kurparadies für die High Society.

KM 27

6 Schlosspark Philippsruhe

Flanieren mit Mainblick

Schon bevor hinter dem Brunnen Schloss Philippsruhe ins Blickfeld rückt, verspricht das prunkvoll verzierte Tor Majestätisches – und auch beim näher kommen wird man nicht enttäuscht. Aber wen wundert's, bei so einem hübschen Fleckchen Erde? Beim Spaziergang im Schlosspark scheinen sich das Mainufer auf einer Seite des Zauns und der teils als Barockgarten, teils als englischer Landschaftsgarten angelegte Park gegenseitig übertrumpfen zu wollen. Zu entdecken gibt es neben dem französisch inspirierten Flügelbau auch die Orangerie und das jährlich im Sommer mit Konzerten und Theaterstücken bespielte Amphitheater.

Am Main entlang bis zur Brücke über der Kinzigmündung. Weiter geradeaus führt der Radweg direkt zum Bahnhof Hanau West.

EXTRA INFOS:

Was man am Rand des Hanauer Industriegebiets ganz bestimmt am wenigsten erwartet? Wie wär's mit einem gemütlichen ● **Bistro** mitten im Gartencenter? Zwischen Grünpflanzen und Deko-Ideen warten an den Öffnungstagen Frühstück, Mittagstisch und Kaffee und Kuchen (www.gaertnerei-loewer.de).

KM 28,3 » ZIEL

Hanau West

Heute beheimatet der prächtige Schlossbau mehrere Museen.

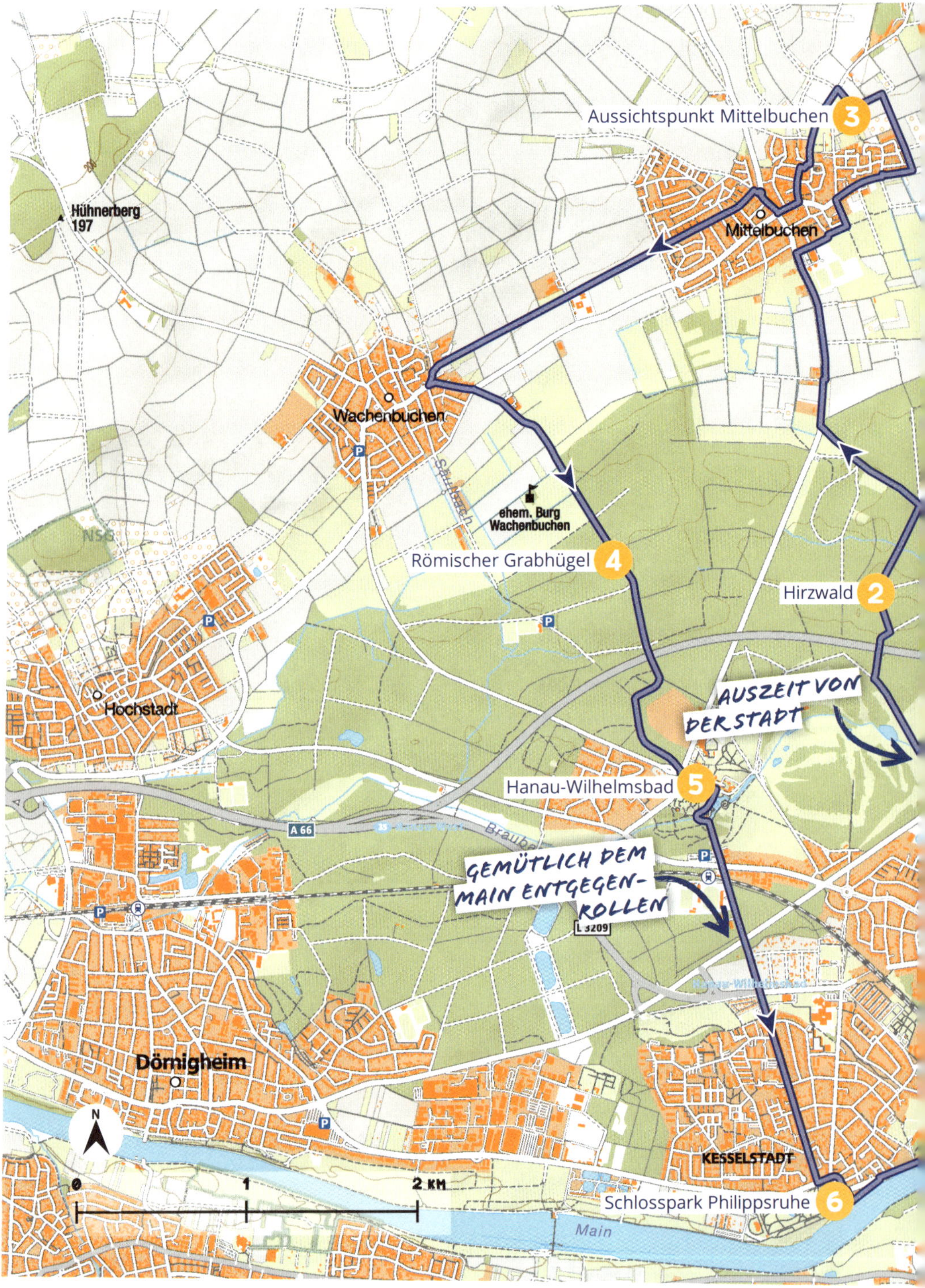

Aussichtspunkt Mittelbuchen 3
Hühnerberg 197
Mittelbuchen
Wachenbuchen
ehem. Burg Wachenbuchen
Römischer Grabhügel 4
Hirzwald 2
NSG
Hochstadt
AUSZEIT VON DER STADT
Hanau-Wilhelmsbad 5
A 66
GEMÜTLICH DEM MAIN ENTGEGEN-ROLLEN
L 3209
Dörnigheim
KESSELSTADT
Schlosspark Philippsruhe 6
Main
N
0
1
2 KM

AUF EINEN BLICK

- **Start/Ziel:** Hanau West
- **Strecke:** 28,3 km (Rundtour)
- **Reine Radelzeit:** 2 Std. 30
- **Höhenmeter:** ↗ 45 m ↘ 45 m
- **Wegbeschaffenheit:** Gut ausgebaute Radwege außerhalb der Stadt, breite, zum Teil abgetrennte Radrouten innerhalb.
- **Beste Zeit:** Milde Tage im Herbst, wenn sich die ganze Farbenpracht zeigt.
- **Ausrüstung:** Proviant für unterwegs.

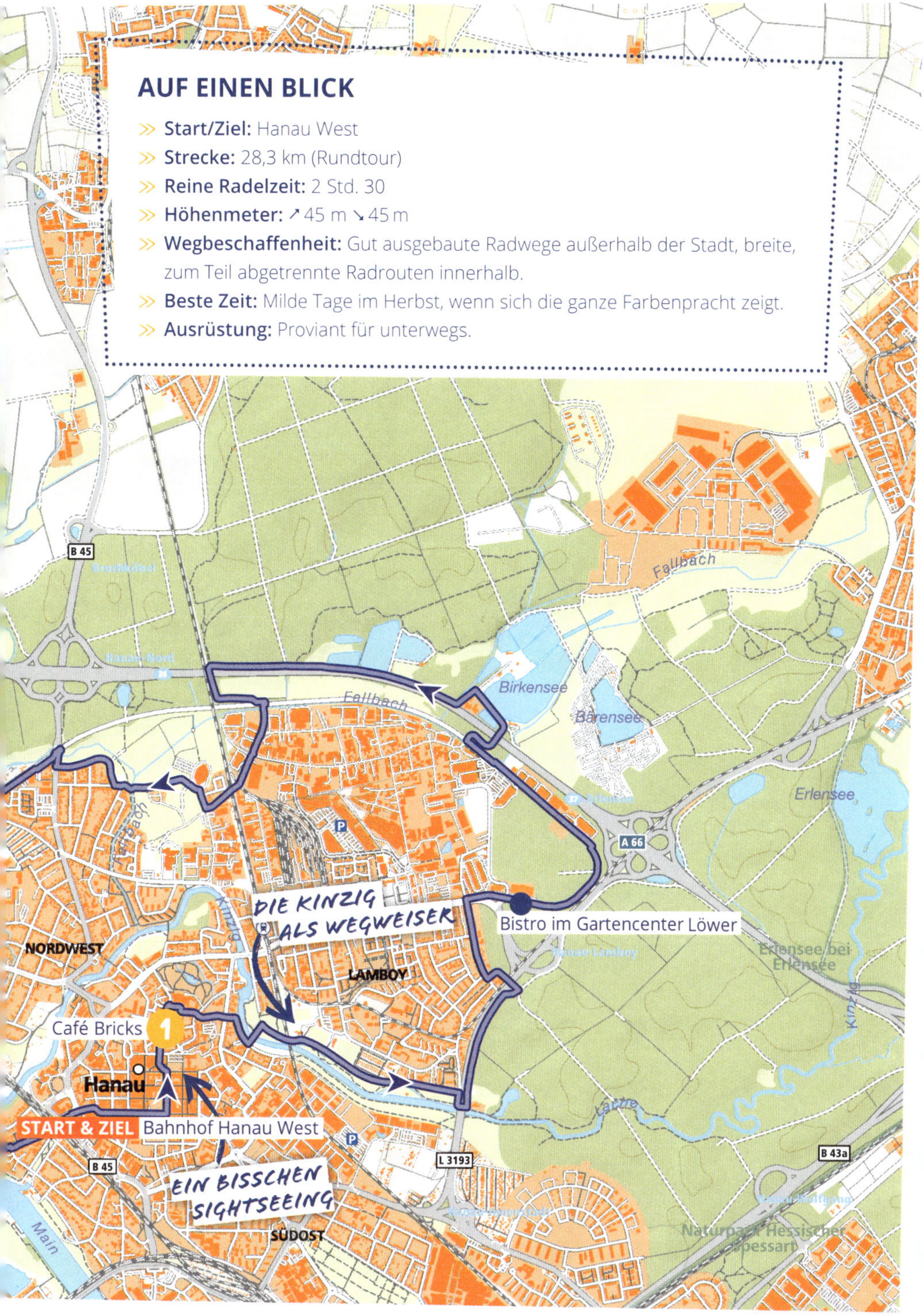

AUCH NOCH GANZ NÜTZLICH

ORTSREGISTER

IMPRESSUM

» **Text:**
Sandra Kathe

» **Cover- und Buchgestaltung:**
Carolin Weidemann, Köln, www.weidemann-design.com

» **Lektorat & Produktion:**
Verlagsbüro Wais & Partner, Stuttgart, www.wais-und-partner.de

» **Fotos:**
Titelfoto und Fotos Innenteil:: Sandra Kathe mit folgenden Ausnahmen:
Christine Lange (S. 2); Felix Hormel (S.10, 21, 39, 149, 208-209)

» **Kartografie:**
©KOMPASS-Karten GmbH, kompass.de unter Verwendung von ©OpenStreetMap Contributors, osm.org/copyright

» **S. 222 / 223:**
Marie Geißler (Illustration), Jens Bey (Text)

Printed in Poland

1. Auflage 2023

ISBN 978-3-616-03189-7

www.dumontreise.de

RECHTS ODER LINKS? IMMER WISSEN, WO'S LANGGEHT!

» **TOURENVERLAUF**
GPX-Daten zum kostenlosen Download
www.dumontreise.de/radelzeit/rhein-main

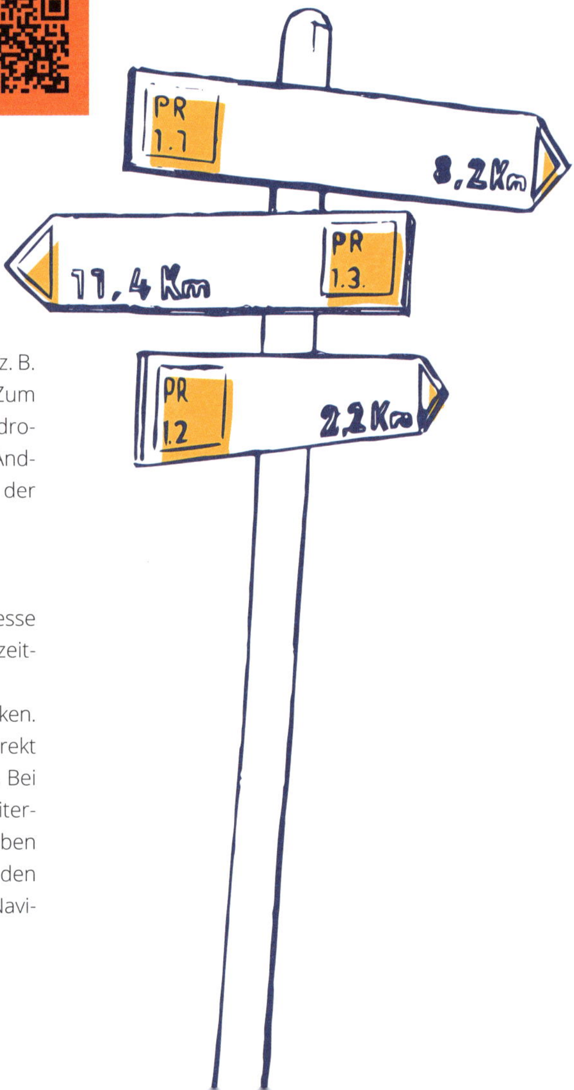

GPX-DOWNLOAD AUFS SMARTPHONE – SO GEHT'S

» **Voraussetzung:**
Eine Outdoor-App muss installiert sein, z. B. KOMPASS, Outdooractive oder Komoot. Zum Einlesen des QR-Codes benötigen ältere Android-Geräte eine QR-Code-App. Bei neueren Android- und iOS-Geräten ist diese Funktion in der Kamera integriert.

» **Daten downloaden:**

1. Den QR-Code einlesen oder die Webadresse im Browser eingeben, um auf die Radelzeit-Website zu gelangen.
2. Die gewünschte Tour zum Download anklicken.
3. Bei iOS-Geräten werden die GPX-Daten direkt mit der vorab installierten App verknüpft. Bei Android-Geräten muss ggf. noch eine Weiterleiten-Button geklickt werden (z. B. oben rechts im Display). Manche Apps zeigen den Tourverlauf starr an, andere haben eine Navigationsfunktion dabei.

WEITERRADELN ...

ISBN 978-3-616-03197-2

ISBN 978-3-616-03195-8

ISBN 978-3-616-03194-1

ISBN 978-3-616-03196-5

ISBN 978-3-616-03188-0

ISBN 978-3-616-03193-4

ISBN 978-3-616-03192-7

ISBN 978-3-616-03198-9

Noch mehr Radelinspiration gibt's im gut sortierten Buchhandel und unter www.dumontreise.de

YOGA FÜR DAVOR UND DANACH

SCHMETTERLING

» Setze dich auf den Boden und lege die Unterseiten deiner Füße aneinander, indem du die Knie nach außen fallen lässt. Nun langsam, ohne viel Kraft, nach vorne lehnen und die Füße mit den Händen umschließen. Entspannt drei Minuten in der Position bleiben, langsam und tief durch die Nase ein- und ausatmen. Um die Übung zu verlassen, die Hände neben bzw. hinter den Körper legen, langsam ein Bein nach dem anderen ausstrecken und nach vorne bringen.

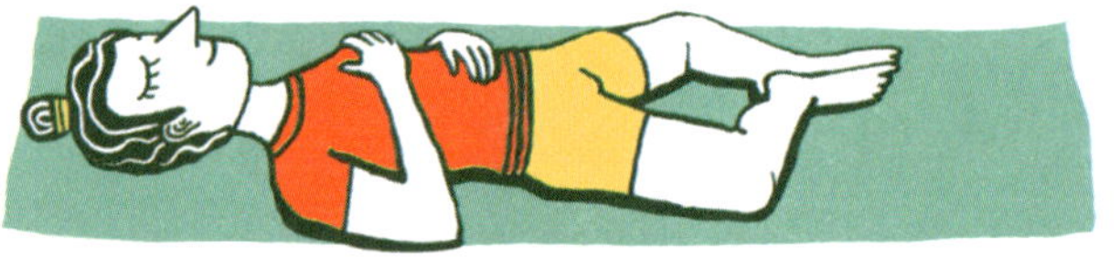

HÖR AUF DEIN HERZ

» Lege dich rücklings auf den Boden, ziehe die Knie an und stelle die Füße flach auf den Boden. Lass jetzt die Knie zur Seite fallen und bring die Fußsohlen zusammen. Lege eine Hand auf deinen Bauch und eine Hand in die Nähe deines Herzens. Schließe deine Augen, atme tief ein und aus und halte die Position mindestens 30 Sekunden lang.

KATZENBUCKEL

» Gehe auf alle viere, die Knie direkt unter der Hüfte. Handgelenke, Ellenbogen und Schultern liegen auf einer geraden Linie, die Arme sind gestreckt, der Kopf in Verlängerung des Rückens mit Blick nach unten. Mache mit dem Ausatmen den Rücken rund, der Kopf geht Richtung Boden, wird aber nicht auf die Brust gepresst. Während des Einatmens wandert dein Bauchnabel in Richtung Boden, hebe gleichzeitig den Kopf. Wiederhole die Übung mehrmals.

ZURÜCKGELEHNT

» Knie dich auf den Boden, mit den Oberseiten deiner Füße auf dem Boden. Bring die Knie zusammen, dein Gesäß geht langsam zum Boden, deine Füße rutschen zur Seite und kommen neben deinen Hüften zu liegen. Schiebe mit den Händen deine Oberschenkel nach innen, lehne dich zurück auf deine Unterarme und lege den Oberkörper langsam ab. Halte die Position für mindestens 30 Sekunden.

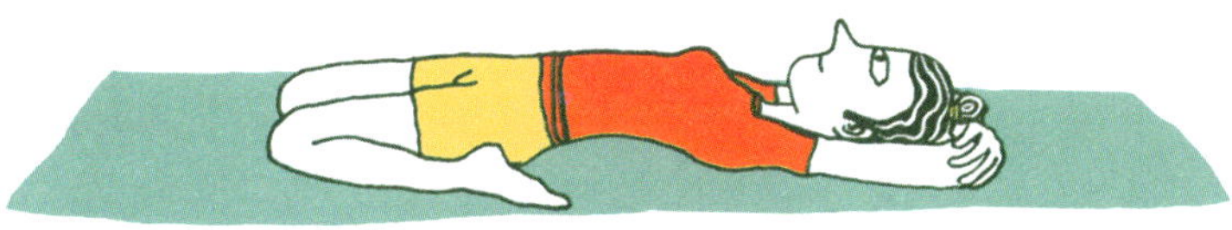

DIE PERFEKTE TOUR ...

#FÜR SONNENHUNGRIGE

In Dünenlandschaften und Weinbergen, an Kiesgruben und Stränden geht es selten schattig zu. Daher: Sonnencreme nicht vergessen!

» **TOUR 2, SEITE 24**

#FÜR NEUGIERIGE

Mit einer eigenen Smartphone-App, etlichen Infotafeln und Orten zur Naturbeobachtung ist Hessens größtes Naturschutzgebiet am Kühkopf einer der lehrreichsten Orte des Bundeslands.

» **TOUR 12, S. 124**

#FÜR WASSERRATTEN

Mit nur wenigen Metern Entfernung liegen zwischen Langen und Walldorf gleich zwei der beliebtesten Badeseen – und auch sonst bleibt man bei dieser Tour immer nah am Wasser.

» **TOUR 8, S. 84**

#FÜR LECKERMÄULER

Abstecher auf den Wochenmarkt, Frühstückspause, Kaffeehaus: Wenn man gleich in zwei Hauptstädten unterwegs ist, können Genussmomente nie weit weg sein.

» **TOUR 7, S. 74**

#FÜR FAULE

Eine kleine Bergetappe am Anfang lohnt sich: Immer wieder herrlich bergab und damit hauptsächlich rollend, führt der Usatalradweg von Usingen nach Friedberg.

» **TOUR 11, S. 114**